자녀교육의 *업그레이드*

– 부모들이여, 화를 내자

이 현 지

교육과학사

| 머리말 |

우리네 삶은 가까운 사람들과 늘 부대끼는 과정의 연속이다. 특히 혈연으로 이루어진 가족은 어려울 때 힘이 되어주기도 하지만 때론 내 삶에 마음의 짐이 되기도 하고, 서로의 가슴을 멍들게 하는, 화를 유발하는 장본인이 되기도 한다. 가족, 친구, 이웃, 직장 동료라는 관계 때문에 가시 돋친 말을 쉽게 표현하지 못해서 나의 가슴에 가시로 박혀버린다. 결국 가시에 걸려 가슴을 치고 잠못 이루는 나날을 보내다가 화병에 걸리게 된다.

자신을 화병들게 만든 상대(부모 · 남편 · 자식, 친구, 직장상사, 동료 등)를 원망도 해보지만, 발버둥 칠수록 더 깊은 늪으로 빠져들고 제대로 치유되지 않는다. 대부분 화가 전이되는 과정은 강자에서 약자로 가정에서는 자녀들보다 우위에 있는 부모에서 자녀에게로, 회사로 보면 상사에서 부하직원에게로 전이가 됨을 알 수 있다.

특히 부모는 화를 자녀에게 전이시키는 것을 당연시하는 경향이 있는데, 부모들은 화내는 이유를 '너(자식) 잘되라고', '널(자식) 위해서라고' 합리화하기 때문이다. 화를 내는 사람은 응어리진 마음을 화로 폭발시키지만 그 화를 받는 사람은 속으로 삼켜 화병이 된다. 화병이 생기는 것은 억울한 감정과 억눌린 한(限)이 쌓여 폭발하는 것이다.

우리나라의 경우에는 화병이 가부장적 가치관과 문화적 특성상 여성에게 주로 발병한다. 가족 중에서는 양육을 어머니의 몫으로 생각하여 어머니의 역할만을 강조하다 보니 집안일과 양육에 대한 부담감이 상당히 크다.

또한 '화'는 전염병이며, 학습되어진다. 집안에 화를 자주 내는 사람이 있다면 그 가족 구성원끼리는 다른 누군가보다도 화를 더 잘 내게 된다. 화를 내고 싶어서 그러는 것이 아니다. 단지 화가 학습되어진 것이다. 자녀가 내는 화는 학습되며 학습의 가장 큰 요인은 부모가 아닐까 한다.

부모와 자녀 간에 화병이 발병하지 않기 위해서는 부모가 만든 틀에 아이를 강제적으로 맞추어 넣어서는 안된다. 자신의 인생을 자녀에게 쏟아붓느라 포기했다는 피해의식도 가져서는 안된다. 자식을 하나의 독립된 인격체로 인지하지 못한다면 부모는 울화병이 생긴다. 자녀의 성적 저하나 자존감 상실 등의 이유로 자식과 갈등을 빚고 화병을 얻는다면, 그 화는 자녀와 자신에게로 다시 돌아옴을 명심해야 한다.

부모는 화를 제대로 내는 모범을 보이며 자신의 마음을 잘 다스려야 한다. 부모이지만 상황에 따라서는 부족함이 있을수도 있음을 인정해야 하며 자녀에게 강요하거나 감정적으로 대해서는 안 된다.

자녀 양육에서 사회 · 경제적 불안감과 우울증, 조울증, 강박증, 불안정감 등의 환경적 요인이 미치는 영향은 크다. 사람들과 어울리며 살아야 하는 현실 속에서 자신의 화를 제대로 정확히 전달하면서 관계를 유지하는 방법은 중요하다. 특히 부모와 자녀 사이에서 잘못된 화는 서로에게 지워지지 않는 마음의 상처를 입힐 수 있다.

그러므로 화를 억눌러 상처를 주는 화로 남아있게 하기 보다는 화를 조금씩 효과적으로 발산하는 기술이 필요하다. 처음에 화가 난다고 해서 상대를 증오하기보다는 자신의 내면을 철저히 분석하고 내면에 일어나는 화의 원인이 무엇인지 그에 따른 결과가 어떠한지 시간을 가지고 냉정히 따져보아야 한다.

화를 안 내는 것이 아니라 화를 내되, 제대로 내는 것이다. 인간은 누구나 장점만 듣고 싶어 한다. 한마디로 자신에게 싫은 소리와 단점은 듣고 싶어 하지 않는다. 그렇다면 문제는 상대에게 적절한 시기에 단점을 들추지 않으면서 화를 내야 하는 것인데 그러기는 쉽지 않다.

화를 내다 보면 감정 조절이 되지 않는다. 잘 타이르면 좋은 감정 전달 상황이 될 수 있음에도 불구하고, 오히려 부정적 감정으로 가는 경우가 있다. 그러므로 화를 낼 때는 무엇 때문에 화가 났다는 감정이 제대로 잘 전달되어야 효과가 있다. 그 상황에는 아이의 잘못된 점, 훈계할 점을 얘기하되, 되도록 상황에 맞게 화를 절제하며 아이에게 제대로 얘기해야 한다.

이 책에서는 자녀교육에 있어 화가 화병이 되는 근본 원인을 살펴보고 화를 제대로 내는 방법을 찾아보고자 한다. 부모와 자녀 사이에 화가 어떻게 전이되고 부모의 화병이 자녀의 분노로 이어져 자녀들에게 어떠한 폐해를 주는지에 대해 알라 보고자 한다. 이러한 원인이 분석된다면 부모가 화를 인식하는 것부터 화를 받아들이는 기술, 제대로 표현하는 기술에 이르기까지 알 수 있다.

무엇보다 화의 폐해를 알고 화를 받아들이는 기술에서부터 화를 올바르게 표현하는 기술이 필요하다. 화에 대한 건강한 감정과 표현은 정신적 · 신체적 건강에 억압이 쌓이는 것을 막아준다. 화를 건강하고 적절하게 느끼고 표현하는 것은 정신 건강에 크게 기여한다.

부모는 자식에 대해 외면하기보다 공감해야 하고 부득이 화를 낸 후에도 감정조절을 해야 한다. 자신의 화의 원인을 찾아 감정을 치유하고, 화를 승화시켜 나가야 한다.

화를 승화시키기 위해서 부모는 첫째, 화가 나는 원인을 제거하고, 자녀를 기다려주는 마음이 필요하다.

둘째, 오래된 묵은 화를 풀기 위해 자녀의 현재 상황을 이해하고 물어보고, 공감을 얻는 방법이다.

셋째, 부모와 자녀 관계의 진정한 힐링을 위해서 자식이 원하는 직업을 선택하고 원하는 삶을 살도록 지지해야 한다.

넷째, 부모와 자녀가 함께 공부하는 삶이다. 공부라는 것은 그 자체로 가치 있는 활동이며, 지적활동은 삶에 있어 가장 안전한 재산임을 느끼도록 해 주어야 한다. 자녀가 부모의 강요에 의해 공부하는 것이 아닌, 집에서 부모와 함께 삶 속에서 공부하는 것이다. 이 과정에서는 결과보다는 성취 노력의 과정을 칭찬하고 격려해주는 부모가 되어야 한다.

다섯째, 고등 직업교육과 대학의 연계 고리를 끊는 사고의 전환이 필요하다. 좋은 대학을 나와야 취업을 잘한다는 고정관념을 버린다. 또 무조건 대학을 나와야 한다는 생각도 없어야 한다. 공부를 더 하고 싶은 사람은 언제든 대학을 가면 된다. 꼭 대학을 나와야 좋은 직업을 갖는다는 생각도 버리고, 자녀가 잘하고 원하는 기술을 배우게 하는 것도 삶의 한 방법이다.

공부라는 것은 삶의 즐거움으로 자신을 위한 공부이어야 한다. 교육은 공부하고 다시 공부하며, 인간의 경험의 질을 구성하고 재구성하는 계속적인 과정이라 할 수 있다. 부모와 자녀는 실제 삶에서 자신의 경험을 확장시키며 이 교육적 과정들을 삶에 계속적으로 반복함으로써 성장해야 한다. 자녀가 주도적으로 이야기를 생성하고, 스스로 공부하려는 자기 교육(self- educating)과정을 통해 변화된 아이로 성장하도록 독려해야 한다. 자녀가 자기 스스로의 공부를 시행하면 그때부터 부모는 학업에 대해 화를 낼 필요도 강요할 필요도 없게 된다. 이 과정을 통해 자녀는 변화된 아이로 성장하기 때문이다.

그러므로 자기 교육(self-educating)은 교육의 끝이자 종착점이라 할 수 있다. 삶에서 자녀의 의미 있는 경험의 변화, 즉 자기 교육은 부모와의 경험의 공유를 통해 경험이 풍부해져 자기 스스로 교육하게 될 때 우리는 교육의 종착점을 맞게 된다.

이렇게 되기 위해서는 부모의 더 긍정적인 자세와 자녀의 창의적 사고가 필요하다. 일방적 학교 교육이나 사교육을 통해 단기간의 처방보다는 부모 나름의 교육철학으로 자녀의 잠재력과 발달 가능성을 믿으며, 자신에 대한 확신을 갖고 끊임없이 공부하도록 격려한다. 이것이 자녀가 사회에 인정받으며 제대로 살아가고 평가받을 수 있는 방법임을 명심해야 한다.

CONTENTS

CONTENTS

CHAPTER_ 1

화와 화병

오늘날 우리는 급속한 경제 발전 속에서 전문 분야에 대한 압박과 사람과의 관계 속에서 화를 가지고 살아가고 있다. 이것이 마음으로 연결되어 현대인의 마음의 병이라 할 수 있는 화병으로 이어지고 있다.

화병의 주 원인은 한민족의 정서적 · 정신적 바탕을 이루고 있는 한(恨)이라고 볼 수 있다. 한(恨)이라는 것은 아들을 낳아야 한다는 강박관념에서부터 곳간 열쇠 쟁탈전의 고부 갈등, 오늘날 내 자식만큼은 명문고, 명문대를 보내야 한다는 입시 교육 등에 따른 다양한 원인이 있다.

부정적인 화는 얼굴이 화끈거리며, 큰소리를 치며, 거친 단어와 욕설을 사용하는 것, 물건을 던지는 폭력적인 것, 그리고 자신의 기분이 지금 어떤지를 다른 사람에게 알게 하는 것 등이 동시다발적으로 수반된다.

긍정적인 화는 단시간에 메시지의 전달을 가능하게 한다. 이러한 전달은 감정적 정보의 상호 교환, 주고받기에 뒤따르는 것이다.

긍정적이고 건강한 화는 일어나고 난 다음에는 곧 멈춘다. 그 이후 자기 절제력이 생겨 어떠한 화가 생겨서도 형명하게 대처하게 된다. 상대를 이해할 필요성과 순간적 상황은 많지만 감정 표현에 있어서는 서툰 경향이 있다. 그 결과 상대에 대한 낮은 기대와 실망을 낳는다. 화에 대한 건강한 인식과 태도를 통해 우리는 소통으로 타인을 이해하는 성공적인 삶을 살도록 노력할 필요가 있다.

1. 화의 이해

화는 '몹시 못마땅하거나 언짢아서 나는 성'이다. 사람들은 자신이 무시당하고 있다고 생각하는 경우 화를 많이 낸다. 사람 간의 특정한 행동이 기분을 상하게 해서 경고를 했음에도 불구하고 계속해서 그 행동을 한다면 누구든 화를 낼 것이다.

화는 무서운 전염병과 같아서 적절하게 표출하지 않으면 상대의 마음에 상처를 남기고 그 화가 다른 사람에게 전염된다. 다른 사람에게 전염된 화는 눈덩이처럼 불어나 심각한 상황을 초래하고, 그 화는 마치 부메랑처럼 돌고 돌아 다시 자신에게 돌아온다(SBS스페셜제작팀, 2012).

화를 잘 내는 사람들의 공통적 특성이 있다. 바로 자기 전에 누워 "오늘 내가 조금만 참을걸", "그때 그렇게 하지 말았어야 했는데", "동료들이 나를 어떻게 생각했을까?", "내일 친구들 얼굴을 어떻게 볼까?" 등으로 후회를 한다. 순간적으로 감정을 조절하지 못하고 화를 낸 결과이다.

사람들은 화가 나면 생각을 분명히 하지 못하고, 이성적 · 논리적으로 대처할 수 없게 된다. 평정심을 잃게 되고 심장 박동과 혈압, 맥박이 높아지며 속이 끓어오르고 자신의 폭력적 행동을 자제하기가 어려워진다. 욕설을 하거나 마구 소리를 질러내거나 심지어 모르는 누군가에게 폭력을 휘두르기도 한다. 이성적으로 눌러왔던 폭력성이 발현되는 것이다.

화병(Hwa-byung)이란 무엇인가? 화병(火病)은 질병 개념 중 하나로, '억울한 감정이 쌓인 후 화의 표출을 하지 못하고 쌓이고 쌓여 그 쌓인 화가 내 안에서 활활 타오르는 증상을 말한다. 화병은 개인의 감정을 억누르는 한국 특유의 문화적 배경을 바탕으로 하며, 'hwa-byung'이라는 한국식 명칭이 있을 만큼 한국에서만 발견되는 특이한 증상이다. 1994년 미국 정신과 협회는 이를 '문화 관련 증후군'의 하나로 등재하였으며, 정신질환의 일종으로 공인하였다. 1996년 국제 정신의학계에서 가장 한국적인 정신신경 장애증상으로 정식 등록되었다(김열구, 2004).

화병에 대한 첫 임상적 연구는 이시형(1977)에 의해 이루어졌다. 그는 화병이란 우울증, 또는 정신신체장애 등이 복합된 양상을 띠고 있다고 추정한다. 주로 가정사적인 문제로 화가 나 충격적인 일을 겪고 갈등과 체념의 기간을 거치면서 화를 억제(suppression)하고 신체적으로 투사한 결과로 나타난다고 하였다.

또는 화병이 그 나름대로 고유하고 특수한 요소를 갖고 있으며, 특히 서양의 표현문화권(表現文化圈)과 한국에서의 억압문화권(抑壓文化圈)이라는 서로 상이한 배경을 고려한다면 화병은 우리 문화권의 특수한 정신질환으로 볼 수 있다고 하였다.

예를 들면, 한국 문화를 "한(限)의 문화", 역사를 "한(限)의 역사"라고도 부른다. 잦은 왜구의 침입, 삼국통일에서의 고구려와 백제의 상실, 중국에 의한 압력, 임진왜란, 병자호란, 양반 중심사회, 유교사회, 일제 식민지, 분단과 한국전쟁 그리고 군사 독재의 경험, 가난, 빈부차의 '양극화' 현상 등 수천 년간 '쌓이고 쌓여' 한국의 문화와 한국인의 마음과 행동방식에 지대한 영향을 미쳤다는 것이다.

때에 따라 억압에 반항한 혁명적 사건들이 있었지만, 대개 좌절로 끝나 한(限)은 더 쌓일 수밖에 없었다. 쌓이고 쌓인 한은 고통, 아픔, 무능화 등 병듦으로 나타났다.

또한 화병이란 화를 참고 또 참는 것, 답답함, 응어리짐이 쌓인 형태이다. 여전히 화가 나고, 갈등하고 있고, 슬프고 눈물나고, 한스러운 것이다. 이러한 화병은 본인만의 문제로 끝나는 것이 아니라 내지식, 주변인에게도 영향을 미친다. 예를 들어 한 아이의 경우 엄마에게 하고 싶은 말을 하지 않고 혼자 앓다가 병이 찾아왔다. 아이가 엄마의 성격을 닮았는지는 알 수 없지만, 속에 담아두는 성격으로 또는 후천적으로 학습되어져 화병이 발병될 수 있다는 것이다. 결국 부모님의 성향, 성격, 행동 같은 것들이 아이에게 전이되면 누군가 자신에게 스트레스를 주었을 때 화병을 가진 부모처럼 행동하게 되어 아이도 화병을 그대로 얻게 됨을 추측해 볼 수 있다.

2. 화의 위력

화병, 즉 울화병은 오랫동안 참았던 울화, 분노 등이 쌓여 있다가 나이가 들고 정신적 · 신체적으로 약해져 더 이상 억누를 수 없을 때 폭발하면서 다양한 증상으로 드러난다. 화병의 원인에는 고부 갈등, 자녀와의 문제, 부부간의 문제, 직장에서의 스트레스 등이 있는데 화가 쌓일 만한 상황을 겪게 되면 그것이 점차 커져 화병이 된다.

여러 원인 중 자녀의 문제에 초점을 맞추어 말하면, 육아 및 자녀교육을 챙겨야 하는 중년 여성의 대부분은 화병을 가지고 있다.

자녀를 잘 키우고 싶어 많이 투자하고 공을 들이지만 자녀는 따라주지 않고, 그것이 반복되다 보면 스트레스를 받아 화병에 걸리는 것이다. 부모는 대개 아이가 맡은 일을 잘하고 있다고 판단되면 점점 기대하고, 기대는 더 빨리 더 많은 교육과정을 이수해야 한다는 조바심으로 이어진다.

그래서 대부분의 아이들은 어릴 때부터 정직하고, 하기 싫은 일들도 잘할 거라는 부모의 '큰 기대'를 받으며 성장한다. 하지만 아이가 부모 의도대로 따라 가 주지 않는다면, 답답해하고 체벌하거나 화를 내고 비난하게 된다. 이런 부모의 화는 자녀의 자존감을 깎아내리고 상처를 준다. 오히려 지나치게 높은 기대치가 아이에게 부담과 스트레스를 주고 엇나가게 만들 수 있음을 생각하지 못한 것이다.

부모들은 아이들에게 어른처럼 행동할 것을 바래서는 안 된다. 아이들은 그 나이에 맞는 생각과 행동을 한다. 아이는 그저 놀이터에 나가 뛰어 놀며 작은 행복을 느끼고, 사탕 한 개에 즐거움을 느끼는 등 일상적인 행복을 느껴야 한다.

보건복지부의 조사(2014) 결과, 화병으로 치료를 받은 사람은 한해 1만 명 이상인데 이 중 10~30대도 많은 수를 차지한다. 긴장하는 치열한 경쟁사회 분위기, 자기중심적 성장 환경 등이 젊은 층의 화병의 원인으로 분석되고 있는데, 이들은 스스로를 조절하지 못해 자신과 타인에게 해가 되는 행동을 가하기도 한다.

이러한 화병을 예방하기 위해서는 어릴 적부터 부모가 아이의 잘못에 적절한 훈육을 해야 하며, 부모와 함께 분노 조절에 관한 교육과 훈련을 하는 법을 익혀야 한다.

만약 화에 가득 찬 부모가 계속 교육을 하게 되면 어떻게 될까? 자녀는 부모의 스트레스를 고스란히 받게 될 것이고 악순환은 계속될 것이다.

화병이나 분노 조절을 다스리기 위해서는 소리 내서 울기, 일기나 편지 쓰기, 낙서하기 등을 통해 감정을 조절하려는 노력이 좋다. 펑펑 쏟아내는 눈물은 스트레스를 배출시켜 마음에 안정을 주며, 감정을 낙서나 글로 옮기면 객관적으로 감정을 파악할 수 있어 통제력이 생긴다. 물론 약물 치료도 있지만, 어려서부터 가정과 학교에서 갈등 조정, 분노 조절 등의 감성 · 인성 교육에 심혈을 기울일 필요가 있다.

화를 다스리지 못하면 잃게 되는 것들

1. 자신의 건강에 치명적인 영향을 준다. 특히 뇌와 심장에 해를 끼친다.
2. 주변 사람들과 나누는 정보교류의 기회를 잃을 수 있다.
3. 목표를 잃게 된다.
   개인의 목표는 물론 조직의 목표 또한 감정에 휘둘려 멀어진다(함규정, 2010).

화는 자녀에 대한 지나친 기대로 인해 점점 더 커진다. 부모는 아이의 나이에 맞는 기대를 하고, 아이의 성향에 기대를 맞춰야 할 것이다. 예를 들어 아이가 즐겁게 뛰노는 모습을 활동적으로 보느냐, 소란스러움으로 보느냐는 부모가 아이의 성향에 기대를 맞추느냐 안 맞추느냐에 달려 있다.

부모의 간절한 욕망의 기대치가 집착이 되어 어떤 상황에서는 아이를 더 멀리 달아나게 하는 요인이 된다. 누구나 무언가에 집착하면 마음의 균형이 깨진다. 그리고 그 깨진 마음들은 유리조각처럼 맞추기도 어려울 뿐만 아니라, 상처는 그대로 남아 상황을 그르치게 된다. 부모와 자녀 사이의 균형을 깨뜨리면서까지 집착하지 말라는 것이다.

또 화는 확장되는데 예를 들면, 직장 상사가 부하 직원에게 화를 내었다. 그럼 그 직원은 또 집에 가서 아내에게 화를 낸다.

아내는 아이들에게 화를 내고 아이들은 키우는 고양이에게, 그 고양이는 가만히 있는 닭을 괴롭힌다는 것이다. 자신의 화를 풀기 위해 약자를 찾아 나선 과정의 예이다. 이렇듯 화는 자신보다 약한 대상에게 전이되며, 약자는 이유 없이 화를 당하게 된다.

부모의 화도 이와 같다. 자신의 화를 풀기 위해 상대적 약자인 아이에게 화를 내는데 이는 아이에게 절대적인 해를 끼친다. 프로이트에 의하면, 어린 시절에 겪었던 괴로운 경험이 억압되어 어른이 되어서도 계속해서 행동에 영향을 미친다고 한다. 대다수 사람들은 화를 통제할 수 있는 상황과 통제할 수 없는 상황을 구분하지 않고 무조건 화를 내는 경향이 있다. 화를 통제할 수 있는 상황은 바꾸고 통제할 수 없는 상황은 수용하도록 한다. 이러한 여러 상황에서 부모가 지혜롭게 화를 대처하지 못하면 아이에게는 분노로 표출된다.

김계현(2012)에 따르면, 분노는 사회적인 학습의 결과로서 생겨난 행동이며, 다른 사람들의 분노 표현 혹은 억제 등을 학습해서 생겨난 반응이라고 정의하였다. 즉 부모와 자녀의 관계에서 부모의 분노에 대한 반응을 학습한다는 것이다. 집에서 부모가 화를 자주 내면 아이들도 무의식적으로 자신이 배운 폭력적인 해결 방식을 따라 하게 된다.

이와 같은 맥락으로 '청소년이 지각한 부모의 양육행동과 기질이 분노에 미치는 영향'이라는 연구(조유경: 2008)에 따르면, 아이들의 분노 표현 방식은 사회적인 학습의 결과로 다른 사람들의 분노 표현방식을 학습하여 생겨난 반응으로 본다.

부모의 양육방식과 분노와의 관계 연구 결과 첫째, 어머니에게서 체벌을 받은 후 아동의 분노 표현이 증가하는데 부모로부터 방임되거나, 신체적으로나 정신적인 학대를 받은 경험이 있는 아동은 그렇지 않은 아동에 비해서 분노의 표출 정도가 높았다. 부모가 분노를 표현하는 모습과 가족 간에 화풀이 대상을 보면서 자기 분노를 어떻게 표현할 것인가를 배운다는 것이다.

둘째, 아이는 가족 간에 용납될 만한 화풀이 대상이 자기 자신, 즉 자녀임을 학습한다. 특히, 아이는 부모를 통해 자기상을 동일시하며 자란다. 부모의 역할을 부모에게서 배우는 것이다.

아이에게 화를 내는 부모도 어렸을 때 비슷한 경험을 하고 자랐기 때문에 그때 느낀 공포가 마음 속 깊이 자리 잡아 어른이 된 후에 자식들에게 똑같이 되풀이하게 된 것임을 알 수 있다.

셋째, 화를 내는 부모에게서 자란 아이들은 자신을 탓하는 것이 더 익숙하고 쉽기 때문에 자존감이 매우 낮다. 성인이 되어서도 긍정적인 자아상을 가지기 힘들다. 어릴 때 상처 때문에 자신에 대한 신뢰나 가치를 상실한 상태이기 때문이다. 이들은 계속해서 고통을 반복하게 되는데 이것이 바로 화를 내는 부모 밑에서 자란 아이들이 계속해서 화를 대물림하는 이유이다.

넷째, 부모의 화는 언어적 폭력과도 관련이 있다. 대부분 부모들은 화를 낼 때 아이의 자존심을 깎아 내리는 인격적 모독을 한다. 아이의 외모나 지적 능력, 경쟁심 혹은 인간적인 가치의 차원에서 심한 말을 하는 것은 분명 학대에 속한다. 부모가 전혀 그럴 의도가 없었다고 해도 아이는 부모의 마음을 보지 못한다.

아이는 부모가 말하는 대로 자란다. 아이에게 '너 같은 것은 필요 없다'고 말하거나 '너 같은 자식 낳아 고생해봐' 등의 부정적 말은 아이에게 영원히 지워지지 않을 상처로 남아 어른이 될 때까지 계속해서 영향을 미친다. 자신을 쓸모없는 존재로 인식해 자신감이 떨어지고 또래들 사이에서도 위축된 모습을 보인다. 이러한 부모와의 인간적 관계가 또 다른 사회적 관계에도 영향을 미친다는 것도 기억해야 한다.

아이들은 의 · 식 · 주의 권리와 보호 받을 권리 외에 감정적으로 소중하게 양육 받을 권리와 부모 밑에서 사랑을 받으며 자랄 권리, 아이다울 권리가 있다. 부모는 아이에게 사랑과 관심과 애착을 주어야 하고 감정적인 위험으로부터 지켜줄 의무가 있다.

그러나 아이에게 화를 내는 태도는 부모로서 마땅히 해야 할 긍정적인 역할을 하지 않고 아이가 감정적으로 건강하게 자라는 것을 막으면서 아이가 어른이 되더라도 고통받게 만든다.

분노의 끈은 부모인 '내가 먼저 끊어야' 하는 것이다. 부모는 자신이 화를 내는 것과 분노를 표현하는 방법에 있어 스스로의 상태를 내밀하게 살펴보고 인정하고, 반성하고 고쳐야 한다.

1) 폭발하는 화

억눌린 화가 많은 사람은 화가 나는 상황에 있어 과잉 반응을 보이거나 부적절한 행동을 한다. 화는 화내는 사람을 비이성적으로 변화시킨다. 그렇기 때문에 상대에게 비수가 되어 지워지지 않는 상처를 남기는 상황을 초래한다.

하지만 상대가 부당하게 자신을 화나게 하거나 분노하게 만들었다면 방치하거나 쉽게 넘어가서는 안 된다. 왜냐하면 상대의 부당한 대우에도 수동적으로 웃으면서 대하면 상대는 계속 그렇게 해도 괜찮은 줄 알고 지속적으로 상처를 입히며 폭력으로 대하기도 한다.

그렇기 때문에 드러나는 화가 두렵더라도 지금 자신이 어떤 기분인지, 무엇이 옳고 그른지, 좋고 싫은지에 대해 분명하게 표현하도록 한다. 이렇게 함으로써 화를 적절하게 표현할 줄 알게 되고 화에 대한 두려움이 줄어든다.

흔히 사람들은 화나는 감정을 내면에 쌓아두는데 이는 우울한 기분이나 심적 고통의 원인이 되기도 한다. 쌓여진 화는 엄청난 힘으로 자신을 지배하며 육체적 · 정신적 건강, 타인과의 관계 등 우리 삶의 모든 면에서 흐름을 바꾸거나 손상을 남긴다.

화를 쌓아두기만 하면 독이 되어 자신도 모르는 사이 서서히 중독된다. 이를 위해 화를 이해하고 통제하는 능력이 필요하다 하겠다. 화를 통제할 수 있다면 화를 어떻게 표현할지 선택할 수 있다.

부모는 분노에 사로잡힌 아이에게 오랜 시간에 걸쳐 분노를 조절하는 방법을 가르쳐 줘야 한다. 화나게 만드는 것이 무엇인지 나를 불안하게 한 것이 무엇인지를 알아내어 분노를 제대로 표현하는 방법을 찾도록 훈련시킨다.

자신의 분노를 드러내고 타인의 분노를 감지하여 자신이 움직일 수 있는 힘으로 바꿀 수 있는 능력을 가짐으로써 분노를 긍정적으로 활용하여야 한다.

자녀가 문제 행동을 일삼는다면, 그것을 자녀의 탓으로 돌리기보다는 분노가 평소에 아이를 어떻게 대하는지 생각해보아야 한다. 평소 아이에게 강압적으로 대하지는 않았는지, 사소한 일에 크게 화를 낸 적이 있는지 따져보아야 한다. 그러고 나서 자기반성의 시간이 꼭 필요하다. 반성한 후에는 아이에게 무조건적으로 사랑하고 있음을 적극적으로 표현해야 한다.

평소 부모가 화를 조금 자주 낸다는 사실을 인지만 하더라도 그 습관을 없애기가 더 쉽다. 이를 위해 평소에 분노가 날 때, 그 자리를 잠시 피해 심호흡을 하거나, 상대방의 입장에서 헤아려 볼 수 있는 시간을 가지도록 하자.

부모라면 아이가 좀 더 풍요로운 삶을 살기를 바라며 잔소리하기 마련이다. 하지만 자녀에게 해가 될 수 있다는 사실을 외면한다. 부모가 현재 불행하다고 아이에게 그것을 표현하는 것은 자녀 또한 불행한 삶을 살도록 이끄는 길임을 인지해야 하며, 부모 자신의 변화가 부모와 자녀를 잇는 불행의 고리를 끊을 수 있는 방법임을 명심해야 한다.

화는 부모로부터 자식에게 전이가 되지만 다행스럽게도 그것은 노력으로 끊을 수 있다. 아이를 위해서라도 그것은 부모가 책임져야 할 일이다. 아이를 있는 그대로 사랑하며, 그 사랑을 표현하는 것이 더 좋다. 그렇게 해서 자녀가 세상을 좀 더 따뜻하게 바라볼 수 있도록 해야 한다.

2) 참아내는 화

'화'라는 것은 내면적으로 숨긴다고 해서 완전히 숨겨지지 않으며 무의식적으로 행동에 반영되고 표출된다. 부모가 아이에게 자신의 '화'를 드러내지 않으려고 노력할지라도 이는 결국 무의식적으로 투영되어서 드러나게 되고 아이 또한 이를 느끼게 된다.

그리고 이미 화가 나 있는 사람은 사소한 것에도 신경질적인 반응을 보이고 마음에 들지 않아 한다. 결국 사소한 일에도 과민한 반응을 하게 되고 짜증을 분출한다. 악의적인 감정을 가지고 있지 않던 상대 또한 어리둥절하게 만들다가 정도가 지나치게 되면 그 상대에게도 화를 전이시켜 서로 화가 나게 되고 기분 나쁜 상황이 만들어진다.

사랑과 존중을 받지 못한 아이가 부정적 감정(분노, 울분, 증오)을 느끼면 파괴적인 행동을 하게 되는데, 이런 행동은 자기파괴적인 행동에서 볼 수 있듯이 자신을 향할 수도 있고 타인을 향할 수도 있으며, 부정적인 감정의 원인과 아무런 관계도 없는 대상을 겨냥하기도 한다(Ken Lindner, 2014). 갑작스럽게 자신이 화나 우울함을 견디지 못하게 되면 묻지마 범죄, 화풀이 살인까지 하게 될 수도 있다.

만약 함께 있는 사람이 불안과 스트레스와 우울함을 느끼면 옆에 있는 사람도 그 감정을 고스란히 느끼게 되고 같이 우울해진다.

만약 한 아이의 어머니가 시어머니로부터 엄청난 구박과 스트레스를 받는데, 그 감정을 표출하지 못하고 참고 산다면 그 아이는 이러한 상황에 대해 그대로 받아들일 가능성이 높다. 꾸준히 그것을 지켜보며 반복 학습한 아이는 자신의 감정을 제대로 표현하고 조절할 수 있는 능력이 떨어진다. 또 유아나 청소년기의 자녀들이 화를 경험한다면 불안증을 동반한 우울증을 가질 수도 있다.

부부 싸움을 목격한 자녀들은 부모가 자신을 체벌하려고 할 때보다 더 큰 불안을 느낀다고 한다. 자녀들에게는 체벌보다는 감정적인 요소가 훨씬 크게 작용하기 때문이다. 부부 싸움 목격만으로도 충분히 두려움을 느끼는 자녀들에게 부모의 울화병 증상은 감당하기 어려운 일이다.

아이는 태아였을 때 어머니가 느낀 감정을 그대로 간직한 채 세상에 나오게 된다. 즉 아이는 맺어질 때부터 어머니와 감정을 교류하며 태어난 후 가장 먼저 배우게 되는 것도 어머니의 모든 부분이다.

그러므로 어머니가 화병에 걸렸을 때 가장 영향을 받는 것도 아이이며 화병에 걸린 부모를 인지하는 것도 아이이다. 화병을 해결하는 가장 좋은 방법은 가족 구성원 간의 대화이며, 소통이다.

3) 부모가 화내는 이유

부모가 감정에 따라 무작정 화부터 내고 감정을 퍼부을 수 있는 것은 자녀가 부모 자신보다 약한 존재라는 생각을 은연중에 하고 있기 때문이다. 자신보다 윗사람을 대할 때는 억지로라도 감정을 조절하기 마련인데, 아이는 그렇지 않기 때문에 감정을 있는 그대로 내보이는 것일 수 있다. 자신보다 약자 앞에서 더욱 강해지는 것이 인간의 심리이기 때문이다.

부모는 자신이 우위에 있다는 생각으로 자기 마음대로 아이를 휘두르고, 그것이 잘 되지 않으면 화를 내기도 한다. 자녀를 한 인격체로 인정해 주지 않으면 이러한 문제가 악화될 수 있다. 부모가 화를 내지 않으면 자녀는 스스로 잘못을 고쳐나갈 수 없을 것이라고 생각해서 화를 내는 경우도 있다.

사람은 누구나 살아가면서 자신이 처해 있는 상황 속에서 영향을 받게 된다. 더운 날씨에 주위의 사람들이 짜증을 내거나 이상한 분위기를 만들면 아무런 관계가 없는 사람도 그 분위기에 휩쓸려 자신 또한 그러한 상황에 처해 있는 것처럼 느끼고 감정이 전염된다.

자녀가 성장해가면서 많은 영향을 받는 사람이 부모이기 때문에 행동 하나하나, 성격과 가치관에도 지대한 영향을 미친다.

부모와 자녀 간의 관계에서 보지 않고 사회 · 정서적 거리가 상대적으로 먼 친구와 타인과의 관계에서 두 사람과 혹은 집단 간의 상호작용에서는 서로의 태도와 그 상황의 분위기, 사람의 내적인 감정 등에 의해서 영향을 받게 된다.

아이가 친구들과 어울리는 상황을 살펴보면, 서로가 장난을 치고 있는 상황에 한 명이 장난으로 받아들이지 못하고 과민하게 반응해서 화를 내게 되면 그 순간 분위기는 서먹해진다. 그것이 한 사람만의 감정으로 끝나는 것이 아니라 화를 낸 사람과 받은 사람 모두 감정적으로 영향을 받게 되고, 공유하게 되며 결과적으로는 그 상황 속에 있는 모든 사람들에게 영향을 주게 된다.

4) 화내는 부모에 대한 자녀의 반응

대부분 자녀들은 부모가 화를 내는 상황을 회피하려 하고 대화하기를 거부하는 등의 반응을 보인다. 부모가 화를 낼 때 자녀가 '화를 내지 말라'고 말하기는 쉽지 않다. 그래서 자녀는 입을 닫고 그 자리를 피하는 것밖에는 없다. 화로 시작된 대화는 어쩔 수 없이 화로 끝나고, 결과적으로 아무런 소통도 하지 못한 채 싸운 것밖에는 되지 않는다.

부모가 순간적인 감정을 이기지 못하고 분노를 그대로 표출하게 되면 소통의 악순환이 시작된다.

예를 들면 어머니가 밥을 다 차려놓은 후 '저녁을 먹으라'고 하지만 자녀는 들은 척 하지 않고 게임을 하거나 친구와 계속 통화를 하게 되면 어머니가 화내면서 소리를 지르게 되고, 자녀는 친구와 통화하는데 소리지르는 어머니가 부끄러워서 또 화를 내게 된다.

자녀는 화내는 부모가 무섭기도 하고 자신을 미워한다는 생각이 들어 대화를 거부할 수 있다. 부모는 그런 자녀가 자신을 무시한다고 느끼게 됨으로써 서로 간의 갈등이 더욱 깊어지게 된다. 부모의 화는 결국 자녀의 마음을 닫게 만들고 소통의 부재를 낳는다.

같은 말을 해도 화를 내면서 말하면 듣는 사람까지 감정적으로 변한다. 특히 아이들은 감정 변화에 예민하고 쉽게 상처받는 경향이 있다. 화로 인해 부모의 진심이 왜곡된 채로 전달되어지고, 자녀는 이를 오해하고 부모와 거리를 두게 된다. 부모가 낸 순간의 화가 계속해서 관계를 더욱 악화시키는 것이다.

우리는 화를 내면서 말하면 홧김에 마음에도 없는 나쁜 말을 하곤 한다. 나중에는 늘 후회하지만 순간적인 감정에 치우쳐 실수하게 된다. 타인의 생각도 제대로 들어보지 않은 채로 윽박지르기만 하면 상대 또한 자신도 모르게 억울한 감정이 나와 '욱' 하는 것이다.

3. 우리나라의 화병

화병(火病)은 대부분 감정조절이 잘 안 되는 성격과 유전적인 체질이 원인이며 특히 가까운 집안 식구, 즉 부모 · 형제나 조부, 조모 등 정서적으로 밀접한 관계에 있는 사람과의 상호작용에서 형성된다(이동식, 1986).

화병은 우리나라 문화의 특성상 여성에게 주로 발병되는데, 가족 중에서도 가부장적인 가치관을 가지고 있는 가족으로 구성된 경우 양육을 어머니의 몫이라고 생각하여 어머니의 역할을 하는 사람에게서 가장 큰 발병을 보인다.

가족 간의 갈등도 있지만 명절증후군 또한 화병의 원인이 될 수 있다. 화병이 더 이상 가벼이 넘길 수 있는 질병이 아니라 후에 큰 병을 유발할 수 있는 질병임을 인식할 필요가 있다.

한 번 화를 내면 수만 개 이상의 세포가 죽는다고 한다. 머리의 세포가 굳어져 노화가 촉진되며, 화가 치밀어 스트레스가 쌓이면 복통이나 설사를 유발한다.

또한 화는 잠잘 때 잠꼬대나 이를 가는 행위로 이어진다. 정신적 스트레스에 의한 이갈이는 딱딱한 음식을 씹을 때 보다 치아에 10배 이상의 무리를 준다고 한다.

누구나 경험하는 화는 선택에 따라 부정적 결과 또는 긍정적 결과를 이끌어낼 수 있다. 화를 낼 때 상대에 대해 악의나 적대감을 품으면 결과는 부정적으로 나타날 가능성이 높다. 하지만 상대에 대한 관심과 사랑, 그리고 연민이 있다면 긍정적 결과로 나아갈 가능성이 높다. 화를 경험할 때마다 흡연, 음주, 도박, 폭식, 충동적 구매, 폭력 등의 부정적 결과를 초래하기보다 독서, 운동, 명상, 걷기 등의 긍정적 결과를 추구해야 할 것이다.

CHAPTER_ 2

화를 올바로 보기

행복은 상대에 있는 것이 아니라 내 마음에 있다. 행복한 마음을 갖기 위해서는 주변 사람들이 이러이러해야 한다는 기대감을 버리면 자유롭다. 우리는 대개 상대의 마음과 생각에 맞춘 후 기대하기 시작한다. 이때 나의 기대감에 상대방이 미치지 못한다면 감정이 불편해진다. 그리고 상대가 그렇게 하지 않으면 화가 나고 결국 갈등이 생긴다. 화, 참는다고 없어지지 않는다. 하지만 화를 통해 나를 객관적으로 들여다 볼 수 있다. 화가 나면 통상 그 속에 갇혀서 객관적으로 나를 볼 수 없지만, 마음이 긍정적으로 바뀌면 생활의 활기가 찾아온다.

1. 화와 비난

누군가가 화를 자주 내게 되면, 다른 누군가는 그 모습을 보고 배운다. '화'는 나의 의지와 상관없이 학습이 되는 것이다. 학습이란 경험의 결과로 나타나는 지속적인 행동과 잠재력의 변화이다. 모든 일에 다 '화를 내지 말아라', '화를 내는 사람이 나쁘다'라는 것은 아니다. 하지만 화를 내는 감정의 표현방법을 바꾸면 어떨까?

화를 내는 것이 잘못이라 생각하는 이유는 화와 비난을 혼돈하는 데 있다. 화는 적절하게 배출되어야 하는 자연스럽고 건강한 감정이다. 비난은 상대에 대해 모욕감 · 배척감을 주기 위한 낭비적이고 부정적인 감정이다. 화는 어떠한 문제가 생겼을 때 그 문제를 뚫고 지나가게 해주는 반면 비난은 우리를 그 문제에 집착하게 만들고 붙들어 두게 만든다(비벌리 엔젤, 2007).

상대가 한 짓에 대해 끊임없이 비난하면 과거에서 벗어나지 못한다. 하지만 자신에게 상처를 주거나 피해를 입힌 사람에게 건강한 방식(편지쓰기, 낙서하기)으로 화를 배출하면 비난에서 벗어나 과거를 놓아 줄 수 있다.

'때론 누구나 화를 낼 수 있지만, 비난하거나 야비해져서는 안 된다'라는 말이 있다. 숨은 화를 발산하기 위한 수단으로 빈정대는 말은 하지 않도록 한다.

부모가 아이에게 화를 낸다고 해서 자식을 사랑하지 않는 것은 결코 아니다. 그런 화냄 속에서도 부모 · 자식 간의 사랑은 존재한다. 그렇지만 사랑의 방식이 화로 인해서 가려지게 되거나 오해를 만들어 내서는 안 될 것이다.

2. 화의 반복적 톱니바퀴

우리가 처음 받는 교육은 가정교육이다. 아이들은 부모로부터 걷는 법, 옷을 입는 법, 젓가락질을 하는 법을 배운다. 부모가 걷는 모습을 보고 자신도 똑같이 걸으려 부모가 발을 내딛는 모습을 따라 걸음을 연습한다. 그래서 자녀의 걸음걸이가 부모와 비슷하거나 부모가 젓가락질을 잘 못하면 자식도 잘 못하는 경우가 생기는 것이다. 한글을 배울 때도 부모가 연필을 잘못된 방식으로 잡고 쓰면 자녀도 똑같은 행동을 보인다.

아이가 태어나 먼저 만나게 되는 사람이 또 가까이 접하게 되는 사람도 부모이다. 따라서 자녀가 부모의 행동을 닮는 것은 자연스러운 일이다.

자녀가 어릴수록 많은 시간을 부모와 함께 의사소통하며 교감하게 된다. 유아 학습의 시기에는 모방할 대상을 찾는다. 그때 부모의 말과 행동을 가장 많이 접하고 모방하게 된다.

어릴 적 영향을 받은 부모의 행동과 언어가 성인이 된 후에도 계속적인 영향을 준다. 이것을 일반화시켜 무조건 그렇다고 단정하는 것은 아니다. 상황에 따라서는 개인의 노력과 환경 변화에 따라 얼마든지 결과는 달라질 수 있다. 하지만 한 사람이 인격체로 성장하는 데 본보기는 이만큼 중요하며 그것이 미치는 영향은 매우 크다.

학교 교육에서 본다면 공식적으로 계획하고 드러나는 교육효과가 있는 반면에 학교생활을 하면서 또래나 학교 환경으로부터 받는 무의식적인 잠재적 교육효과도 있다. 이전부터 집단 따돌림, 학교폭력 등과 같은 다양한 학교 문제들이 사회적 화두가 되었다. 그러한 것들이 교육적으로 학습한 결과라기보다 오히려 그 학교 문화 및 또래 문화에서 왔을 것이라고 생각할 수 있다. 그만큼 사람은 교육에 있어서 의존적 부분도 중요하지만, 그에 못지 않게 주변 사람으로부터 받는 환경적 부분도 중요함을 알 수 있다.

유아기부터 아동기에 이르기까지 많은 시간을 보내며 보고 듣게 되는 부모와 교사의 행동과 언어는 중간에 거르는 과정 없이 직접적으로 흘러들어 간다. 인간이 언어를 배우는 데에는 수 없이 많은 반복이 필요하다. 유아기에는 부모와 교사의 의사소통 및 정서적 교감을 통해 대체적으로 결정된다. 부모의 정서적 상태는 태아에서부터 시작되어 출생 후까지도 아동의 정서적 반응에 영향을 준다.

자녀가 좋아하는 부모의 모습은 '칭찬'이다. 자녀들은 '부모님이 좋은 말(칭찬)을 할 때', '가족들을 자주 안아주고 서로의 눈을 보며 대화하는 것'을 좋아한다.

부모가 화난 상태라면 보이지 않는 정서적 공감을 하고 있는 자녀는 불안감과 불안정한 심리 상태에 있게 된다. 사랑과 격려 속에서 자라야 할 영·유아기에 부정적인 말과 신경질적인 반응을 받으며 자랄 경우 그 아이는 커서 자신에 대해 부정적인 자아상을 가질 가능성이 크다. 대인관계에 있어서 무기력하고 자신감이 없게 되고 부정적이게 된다.

감정적인 면에 있어서도 마찬가지다. 어린 아이들을 보면 부모가 웃으면 따라 웃고, 울면 따라 우는 경우를 볼 수 있다. 아이는 부모의 감정과 교감을 한다. 부모가 웃으면 무슨 일인지는 모르지만 즐겁다는 것을 느끼고 울면 마찬가지로 슬프다는 것을 느낀다.

그렇다면 부모가 화를 내게 되면 어떻게 될까? 자녀는 '이 상황에서는 저렇게 화를 내야 하는구나', '화를 낼 때는 이렇게 행동 하는구나'라는 것을 무의식적으로 배우게 된다. 결국 부모로부터 감정을 표현하는 법, 느끼는 법을 습득한다.

아이를 키우다 보면 부모는 자신이 받은 스트레스를 아이에게 풀게 되는 일이 발생한다. 맞벌이 부부의 경우 회사에서 받은 스트레스와 육아 스트레스, 집안일 등 복합적으로 쌓인 스트레스를 아이의 사소한 잘못을 발견함과 동시에 폭발해 버린다.

아이에게 상처가 되는 말을 하게 될 수도 있고, 충동적으로 물건을 집어던지는 등의 분풀이 대상으로 여길 수도 있다. 김남희 교수는 "부모 스스로 정신적 스트레스를 해소 못해 폭력으로 이어지는 경우가 많다"며 "준비되지 않은 상태에서 자녀가 태어나 발생하는 부작용인 만큼 부모교육이 시급하다"고 지적했다.

부모들이 화를 내는 대부분의 이유는 아이가 빠르게 반응하지 않기 때문이다. 서천석 행복한아이연구소 원장은 "TV를 보는 아이들의 뇌 공간은 현재 하는 일을 처리하느라 부모가 멀리서 불러도 소리만 들릴 뿐 중요하다는 인식을 하지 못한다"라고 한다. 또한 일부 부모는 자녀에게 엄격하고 위엄 있는 모습을 보이지 않으면 무시를 할 것이라고 생각하여 호통을 치거나 화를 낸다고 한다.

부모는 행동과 말투에 매사 주의를 기울여야 한다. 자주 화를 내는 부모님 밑에서는 자녀들은 정서적인 불안이 상당히 크다. 그렇게 되면 아이는 부모로부터 벗어나고 싶어 하고, 가정을 편안하고 안락한 곳이 아닌 불편하고 무서운 곳으로 인식해 버려 일탈을 하게 되는 것이다.

아이가 청소년이 되면 더 반항적이고 공격적으로 변하게 된다. 자녀가 부모의 뜻을 따라 주지 않는다고 무작정 화를 내는 것은 문제를 해결시켜 주기보다 반항아를 낳는 결과를 야기한다.

부모라면 자녀의 언행에 화가 나거나 마음에 들지 않는 부분이 생긴다. 하지만 그것을 표현, 전달하는 방법을 바꿀 필요가 있다. 아이에게 멀리서 명령하기보다 가까이 가서 얼굴을 보고 친절하게 말하는 방법으로 바꾸면 대부분 따르게 된다. 부모가 자녀에게 말하는 방법만 바꿔도 서로 충돌하지 않는다. 설거지하며 여러 번 소리치는 것보다 아이에게 한 번 다가가 말하는 것이 시간도 절약된다.

부모가 자녀에게 화를 표현할 때는 첫째, 자녀의 행동을 추상적이고 모호한 설명이 아닌 구체적인 이유를 설명해 줘야 한다. 둘째, 자녀에게 위협적으로 소리를 지르거나 벌을 내리는 것은 좋지 않다. 셋째, 부모는 자녀의 형제 · 자매간에도 개별적인 의도와 동기, 성향에 맞춰 이야기를 해야 한다. 넷째, 자녀를 자신들의 소유물로 생각해서는 안 되며, 하나의 인격체로서 존중하고 인정해 주어야 한다.

오늘날 아이들은 부모와 소통하는 시간이 없다. 밥 먹을 때도 서로 간에 대화가 없고, 식당에 가도 스마트폰만 바라보는 풍경을 볼 수 있다. 부모와 자식 간의 문화적 차이는 분명 있지만 부모가 먼저 다가가 관심을 기울이고, 아이가 하는 일에는 꾸짖음보다는 응원으로 용기를 복돋아 준다면 서로 돈독해질 것이다.

부모 자녀 간의 사이가 좋아진다면 자연스레 자녀에게 화를 낼 일도 줄어들게 되고, 자녀도 신뢰를 주는 행동을 하게 될 것이다. 그렇다고 해서 무조건 화를 내서는 안된다거나 항상 상냥하게 대해주라는 말은 아니다. 모든 가르침은 꾸짖는 것과 감싸 안는 것이 공존할 때 빛을 발하게 된다.

부모와 자녀는 서로의 감정을 살펴주고 상황을 이해하면서 여러 가지 질문을 통해 공감을 하는 등 많은 이야기를 해야 한다. 만약 아이가 대화를 거부한다면 매를 들어 억지로 대화를 이끌려고 하지 말고 편안한 모습으로 기다려 주어 그리하여 아이로 하여금 안정감을 주어 대화를 이어 나갈 수 있도록 힘쓰도록 하자.

3. 화병이 여자에게 많은 이유

여자에게 화병이 많은 이유는 여자는 상대적으로 남자보다 연민, 애증이 깊고 견고하여 스스로 억제하지 못하므로 병의 근본이 심해지기 때문이다(김종우, 2004).

울화병의 원인인 화병(火病)의 대부분은 40~50대 중년여성이며, 그 주된 원인은 남편과 시댁이라는 조사결과가 나왔다(연합뉴스: 2015. 2. 20).

화병의 직접적인 원인으로는 가족 내 갈등이 큰 비중을 차지하고 있다. 화병환자가 자주 겪는 증상으로는 가슴 답답함, 두통, 가슴 두근거림, 잦은 한숨, 건망증, 눈 피로, 어지러움 등이 있다.

화병은 '참음'으로써 감정을 솔직히 표현하는 데 익숙지 않은 질병이다. 전통적인 한국 가정에서의 시집살이나 가장의 역할, 맏아들의 책임감 등에서 분노와 화, 스트레스 등의 감정을 표출을 못하다보니 신체적 · 정신적으로 나타나는 질병인 것이다. 화병 환자의 90% 이상은 중년 여성일 정도이니 '한국 중년 아줌마 중에 화병 없는 사람도 있냐?'는 의문을 가질 정도이다.

중년 여성이 화병에 잘 걸리는 이유는, 40~50대에 갱년기가 시작되고, 남편은 직장일로 더 바빠지고, 자녀는 사춘기에 접어드는 시기이기 때문이다. 가정이라는 울타리만 지켜왔던 중년의 여성은 자신이 '불쌍하게도' 가족에게 소외당하고, 인정받지 못하고 있다고 여기게 된다.

이렇듯 화병은 아들 우대, 가난했던 과거, 시집살이의 풍토 등으로 인한 새로운 환경, 사람과의 밀착된 낯선 환경에 대한 스트레스와 적응에 대한 반응이다.

차례 음식 준비하다가 며느리가 시어머니에 흉기 휘둘러

추석을 앞두고 며느리가 음식 솜씨를 지적하는 시어머니에게 흉기를 휘두르는 사건이 발생했다.

경찰에 따르면 7일 오전 7시 30분쯤 세종시 부강면에 있는 A(87)씨의 집에서 며느리 B(36)씨가 시어머니 A씨에게 흉기를 휘둘렀다. 경찰 조사에서 B씨는 A씨가 추석 차례 음식을 준비하면서 자신의 음식 솜씨를 지적하자 화가 나 범행을 저질렀다고 진술했다.

이 사고로 A씨는 뒷머리가 5cm가량 찢어지는 상처를 입었고, B씨의 남편 C(48)씨도 B씨를 말리다 B씨가 휘두른 쟁반에 얼굴을 맞아 타박상을 입었다.

경찰은 B씨가 지적장애가 있으며, B씨를 폭력 혐의로 입건해 사법 처리할 방침이라고 밝혔다.

출처: 조선닷컴, 2014. 9. 7.

우리나라에서 남편과 시댁 식구, 주부 사이의 갈등적 관계는 이미 많은 연구자들에 의해 연구된 바가 있다(이효재; 1997, 박애순; 1999, 채선옥: 2002). 예를 들어 배우자나 시댁 식구들과의 갈등을 들 수 있다. 이들은 어려서부터 같이 지내온 혈연의 가족이 아니라, 성인이 되어 결혼에 의해 새로이 가족이 된 사람들이다.

장기적이며 스스로 통제할 수 없는 갈등과 불만, 억울, 화, 분노 등은 누적되어 화의 상태를 유발한다. 재산상의 손실이나 가난도 이와 같은 화의 감정을 일으킨다. 화병이라는 것이 원인은 다양하겠지만 표출하지 않고 속에 쌓아두는 것이 가장 큰 문제이다.

근래 화병은 아이뿐만 아니라, 반복되는 스트레스로 고통받는 직장인, 학생 등 우리 사회구성원 전반에서 나타나는 심각한 병으로 드러나고 있다. 특히 여성은 남성에 비해 스트레스를 쉽게 풀지 못하는 특성 때문에 불 위의 냄비가 넘쳐버리듯 화가 폭발하는 증상을 보이기도 한다.

이것이 점점 과열되면 스스로를 타박하고 나무라는 방식으로 급기야는 자존감과 자신의 마음에 상처를 입어 화병에 시달리게 된다.

CHAPTER_ 3

부모의 화

1. 부모들이 앓는 화병의 원인

부모는 양육에 있어 자신의 의지대로 자녀가 따라와 주지 못할 때, 화를 내곤 한다. 자녀의 행동이 신뢰를 주지 못하거나 고집과 아집으로만 행동하려고 할 때 그렇다. 그것은 부모가 자녀를 이해하지 못해서 그럴 수 있다. 자녀는 환경에 따른 대처능력과 판단이 부족하고 모든 상황들을 처음 경험한다. 부모도 어릴 적 그러한 행동을 했다는 것을 알고 일깨워 주어야 하는데 오히려 다그치는 상황이 발생한다.

부모는 실수에 대한 답답함과 안쓰러움에 화를 낸다. 이럴 때에는 부모의 생각이 자녀와 다르다고 화를 내기보다 자녀의 행동을 살펴보고 그러한 행동에 대해 어떠한 이유가 있을 것이라 생각하고 물어보아야 한다. 그 이유를 대화를 통해 이해, 설득과 납득, 공감하는 과정을 거치는 것이 좋다.

부모는 자녀에 비해 여러 상황에 경험적으로 월등한 위치에 놓여 있다. 부모가 자녀에게 상명 하달식으로 지시했을 경우 자녀의 불이행이 화를 일으킨다. 이때 부모는 자녀의 상황을 파악하고 기다려 주어야 한다.

어떠한 경우에는 부부 문제나 시댁, 직장에서 받은 스트레스나 갈등을 자녀에게 해소하는 경우이다. 주변 사람과의 갈등이 화의 주 요인이었으나, 그 갈등을 자녀의 작은 잘못된 행동으로 전이하여 화풀이하는 경우이다.

이때에는 자신의 화의 원인이 어디에서 왔는지 무엇인지 제대로 파악을 해야 한다. 화부터 내는 것이 아니라 화가 무엇 때문에 일어나고, 왜 화를 내는지를 살펴보고 자신의 앞에 있는 아이가 화의 요인인지를 판단한다. 만약, 아이의 학업저하가 원인이라면 부모가 점검해봐야 할 사항은 무엇인지 파악해야 한다. 자신의 교육방식에는 문제가 없는지 말이다. 대부분의 한국 학부모가 경험하는 교육문제의 오류 및 민족정서상의 관계를 지적해 볼 수 있다.

한국의 학부모들은 매해 바뀌는 입시 속에서 자녀들을 어떻게 잘 가르칠 것인지 고민하기보다 옆집 아이가 다니는 학원으로 옮기는 식의 방법을 택하곤 한다. 그저 옆집 아이에게 뒤처지지 않기 위해 투입된 아이들은 그들 나름대로 부모는 부모대로 스트레스를 안게 된다.

공부를 잘하면 한 단계 더 좋은 외고, 특목고를 나와 이름 있는 대학에 갈 수 있다는 입시제도 속에서 학부모, 학생 모두가 화를 가지게 되는 것이다. 그 경쟁 속에서 하기 싫다고 지체하거나 스트레스를 푼다고 꾸물거리면 뒤처진다고 느낄 수밖에 없다.

또 품앗이, 계모임, 혼례식, 장례식 등의 함께 하는 지나친 공동체 문화도 원인이 될 수도 있다. 한국사람 네 명만 모여도 "우리 계할래?"한다는 말이 있다. 공동체란 사람들이 모여 하나의 목표나 삶을 공유하면서 단순한 결속보다는 더 질적으로 강하고 깊은 관계를 형성하는 조직이다.

그런데 한국인들의 이 끈끈한 연대감이 스스로를 묶는 올가미가 되고 있다. 공동체 의식은 구성원 각자의 존엄성을 인정하며, 집단과 개개인들이 평화롭게 공존하는 것을 의미한다. 그러나 여기에서의 공동체 의식은 사회 속에서 맺어진 개인들이 서로를 지나치게 의식하고 견제하며 '옆 집 아이 공부 잘하면 배아프다'는 식의 경쟁심과 질투심으로 둘러싸여 있는 경우가 많다.

공동체라는 이유로 그들은 서로가 비교당할 때에도 따돌림을 당하지 않기 위해 마음을 숨기고, 웃는 표정을 지을 수밖에 없다. 화를 내거나 찌푸리게 된다면 공동체에서 제명되거나 따돌림을 당하기 일쑤이다.

1) 누구든 화에 부딪히면 화가 생긴다.

화는 계속해서 쌓이게 되면 화병이 된다. '화병(火病)'이라고 불리는 이 화(火)는 불을 의미하기도 하지만, 분노를 의미하기도 한다. 분노는 우울, 불안, 기쁨, 죄책감, 혐오 같은 중요한 인간 감정 중의 하나로 볼 수 있다. 즉 화병은 화가 쌓인 병, 분노가 쌓인 병이다(민성길, 2008).

화병은 몸속에 흐르는 불의 기운이 폭발하면서, 터트리지 못하고 억눌리고, 짓눌려서 만성화적 화가 한(恨)이 된 것이다.

화병은 원인을 알면서도 그냥 참을 수밖에 없어 더 악화되는 경우가 많다. 감정표현을 억누르는 유교적 엄숙주의, 가부장제, 체면과 의리, 명분 중시 사회, 문화적 분위기가 화병을 더 가중시킨다.

억지로 쿨한 척하면 마음이 병든다.

- 상처 받을 게 두려워 상대에게 마음을 반만 준다고 해서 상처를 반만 받는 것은 아니다. 오히려 마음을 드러내고 표현했을 때 미련도 없다.
- 다른 사람에게 잘 보이기 위해 애써 쿨한 척할 필요는 없다. 억지로 감정을 누르면 속으로 골병이 든다(함규정, 2010).

화병을 예방하려면 무조건 참는 습관은 피해야 한다. 김근우 교수는 "스트레스를 참고 덮어두면 저절로 해결되는 것이 아니라 잠복했다가 나중에 심신의 문제로 나타난다"며 "수다 · 대화를 통해 자신의 감정을 표현하는 것만으로도 분노가 상당히 줄어든다"고 조언했다. 특히 스트레스에 민감한 내성적인 성격은 수다, 등산, 요가 등의 유산소 운동을 통해 평소 스트레스를 관리하는 게 좋다. 과거에도 여자들이 화를 풀고 수다를 떨기 위해 빨래터에 모여 스트레스를 풀기도 했다.

2. 부모들이 앓는 스트레스

화를 내지 않고 자녀를 키우기는 쉽지 않다. 자녀를 꾸짖을 때는 대화로 풀어보자고 속으로 되뇌어도 말을 하는 순간 참았던 화가 더 크게 터져 나와 감정 조절을 못하는 경우가 대부분이다.

시작은 대화로 타이르려고 했지만, '버럭' 화내는 것으로 끝을 보기도 한다. 대화보다는 화가 앞서는 부모 · 자식 사이, 어떻게 하면 좋을까?

화내는 부모 밑에서 자란 아이들은 공격적인 성향이나 반항심을 많이 보이고, 적응 능력이 떨어지는 등 정서적인 문제를 보인다. 감정에서 나오는 체벌은 반항적이고 통제하기 힘든 아이를 만든다고 할 수 있다.

부모가 자주 화를 낼 경우, 아이들은 부모와의 심리적 거리를 두기 시작하고, 사람들과의 유대 관계가 약해지기 시작하면서 방에서 문을 닫고 나오지 않거나 자기중심적으로 변하게 된다. 이럴 경우, 아이가 자라서 타인의 욕구나 감정에 공감할 수 있는 능력이 현저히 떨어지게 된다.

부모라면 무작정 화를 내는 것이 자식에게 부정적 영향을 끼친다는 것은 알고 있을 것이다. 그렇다면 어떻게 하면 좋을까?

아이들은 감정 상태를 명확하게 파악하지 못하며 사고가 단순하다. 이에 반해 부모는 많은 경험을 하고 성숙한 면모를 가지고 있기에 서로의 뇌가 다르다. 아이들은 한번 봤던 영화나

만화는 볼 때마다 새롭다. 하지만 어른들은 대체적으로 한번 봤던 영화 스토리를 알면 다시 잘 보지 않는다. 왜냐하면 재미없고 새롭지 않기 때문이다. 이렇게 감정변화와 경험활동에 있어서 아이와 어른의 뇌는 감정적 교류방식이 다르다.

아이는 부모의 경쟁 상대가 아니다. 아이를 이기기 위해, 마음대로 조종하기 위해 화를 내서는 안 된다. 자신의 마음이 준비되었을 때는 훈육을 하되, 여기에 감정을 싣는 것은 옳지 않다. 훈육을 빙자한 화는 자칫 화를 내는 것을 합리화 할 수 있기 때문에 주의해야 한다.

예를 들어 부모가 자녀에게 공부하는 것을 강요한다면 오히려 반발심에 공부를 놓아버릴 수 있다. 가정 형편상 공부를 못하게 된 부모의 경우, 보상심리로 자녀에게 공부하도록 강요한다. 학창시절 부모도 공부를 못했음에도 불구하고 강요하기도 한다. 하지만 이것은 그 누구의 탓이라 할 수 없다. 부모 세대는 먹고 살기에도 바빠서 공부할 시간적 · 경제적 여유가 없어서 어떻게 공부해야 하는지에 대한 법을 습득하지 못했기 때문이다.

이에 부모는 풍요로운 자식 세대들이 모든 여건이 갖추어져 있음에도 공부를 못한다는 것은 납득하기 어렵다. 이렇게 해주고 있는데 공부를 못하다니 말이 되냐며 압박하다 보니 오히려 자녀들은 하기가 싫은 것이다. 이러한 모습에 부모는 화를 내며 자녀는 이를 분노로 표출한다.

화는 쉽게 표출되고, 그것을 주워 담기는 어렵다. 아이들 또한 화를 잘 내고 잘 조절하지 못한다. 이런 부모일수록 자녀의 편에 서기보다 자녀를 이해하지 못하고 자신의 잘못을 남의 탓으로 돌려버리는 경우가 많다.

이러한 일이 반복되면 자녀는 자존감이 낮아져 주위 사람들과 잘 어울리지도 못하고, 주변인으로만 남게 된다. 아이의 마음을 조심스럽게 어루만져주고 감정을 이해해야만 해결될 수 있는 문제에, 부모가 오히려 분을 내버림으로써 아이는 더욱더 자존감이 낮아지는 악순환에 빠지게 된다.

부모가 화를 스스로 효과적으로 다스리는 방법은 현재 자신의 감정을 정확하게 읽도록 노력하는 것이다. 지금 드는 감정이 미안함인지, 죄책감인지, 억울함인지 적절하게 읽어 냄으로써 감정을 조절하는 능력을 키우는 것이다. 자신의 감정의 상태가 어느 정도의 선인지를 알고 그 선을 넘어서는 폭발적 화는 자제하도록 한다. 또한 걱정이 쌓여 신경질적으로 표출될 수 있으므로 자신의 감정을 정리하는 일기를 써보는 것도 좋다.

이 외에도 순간적으로 끓어오르는 화를 진정시키기 위해서 말을 잠시 멈춘 후 진정된 후에 다시 말하거나 화를 내는 자신의 모습을 거울로 보는 등의 방법을 사용할 수 있다.

여러 노력으로 악순환의 고리를 스스로 끊을 수 있음에도 불구하고, 무기력에 포기하거나 죄책감에 좌절해서는 안 된다. 이제는 부모들이 그 올가미에서 나와 자신 스스로 화를 조절하는 습관이 필요하다.

3. 부모의 화병

아이의 양육은 무한한 헌신, 인내, 끊임없는 관심이 필요하다. 육아는 조금도 쉴 틈이 없고 매일 매시간 대기 상태여야 한다. 직장맘이라 할지라도 아이가 하루 종일 선생님, 친구들과 어떻게 지내고 있는지 궁금하며 걱정이 된다. 자녀가 잠자리에 든다고 끝나는 것도 아니다. 아이가 잠을 설치진 않을지, 침대에서 떨어지지는 않는지, 아프진 않은가, 악몽을 꾸는 건 아닐지 자녀가 어리면 어릴수록 부모는 더욱 쉴 틈이 없다. 휴식이 없다면 사람은 스트레스를 받고 무의식중에 예민해질 수 있다.

아이들이 지나다니는 곳은 과자, 장난감, 준비물, 옷 등의 물건이 흩어져 있어 청소를 해야 한다. 한 곳을 정리하면 다른 곳이 어질러져 있고, 이러한 일상은 반복된다.

또 누군가 집에 방문할 때면 집안을 시끄럽게 왔다 갔다 하며 어수선하게 하고 장난을 치기도 한다.

아이를 키움에는 엄청난 관심과 관용이 필요하다. 아이들은 부모의 관심을 얻기 위해 노력한다. 그러한 노력이 칭찬 할만한 것이라면 좋겠지만 부정적인 것일 수도 있다. 아이의 생각에는 옳지 못한 일이라도 부모의 관심을 얻었으니, 그 일을 반복하는 경우도 있다.

한편 부모는 퇴근 시간에 업무와 교통 체증으로 스트레스를 받았고 집에 오니 아이들은 끊임없이 서로 티격태격하고 있다면 속상하고 아이들의 소리가 거슬리기 시작할 것이다. 이때 부모는 폭발하고 만다. 아이의 티격태격이 부모의 화를 한층 촉발시킨다는 것이다.

1) 자신의 '성'에서 '마녀', '독친(毒親)'이 되다

'부모는 왜 아이에게 화를 낼까'에 대해서 생각해보면 치열한 입시 경쟁, 비인간적인 사회분위기, 과도한 부모의 기대 등으로 부모 스스로도 화를 내는 경우와 화를 조절하지 못하는 경우가 있다. 공격적이거나 다른 친구들의 마음을 잘 이해하지 못하는 아이들이 증가하고 있는데, 그 원인은 여러 가지일 수 있지만 대부분 가정 환경에서 비롯된다.

물론 부모가 가정 생활에 있어서 감정 조절이 힘들겠지만, 자녀 앞에서는 감정 조절을 해야 한다. 왜냐하면 아이들은 나쁜 것에 대해 무의식적으로 쉽게 배우기 때문이다. 아이들은 어리지만 인격체로서 감정이 어른들 보다 예민하고 섬세하다.

자주 아이들에게 화를 내거나 고함이나 폭력이 증가할수록 아이들의 정서적 행동에 문제가 발생한다. 아이들이 밖에서 공부하고 또래 관계에서 스트레스를 받게 되면 집으로 돌아와 정서적인 안정과 편안한 느낌을 가져야 하는데 부모가 화를 많이 내면 낼수록 아이들은 불안해져서 자존감 형성이 어렵다.

2) '성적표'에 불꽃이 튄다

인간은 채우고 채울수록 부족하고 더 많이 채우려는 욕망이

팽창하게 되면 그 후에는 욕망의 늪에 시달리게 된다. 욕망은 채우기보다 쏟아내어 마음을 비우도록 해야 한다.

자녀에 대한 과도한 욕심으로 채워진 감정에 대해서는 첫째, 부모의 감정이 우선이 아니라, 자녀의 감정을 잘 읽어야 한다. 가령 비싼 사교육으로 아이가 바라지도 않는 과외공부를 시킬 경우 비용이 많이 들수록 부모의 부담은 커지고, 그에 따라 사랑보다 욕망이 더 커질 수 있다. 더 커진 욕망을 채우기 위해서 아이를 더 닦달하게 되고, 마음이 조급해진다. 이것은 기대와 부담으로 이어지는 화가 될 가능성이 크다.

부모의 기대에 아이가 따라주지 않고 오히려 방황한다면 그 화의 원천은 부모의 욕망에 있는 것이다. 어머니가 아이에 대한 욕망이 크면 클수록 화가 비례해서 커질 가능성이 높다.

한편 부모들은 자녀가 느끼는 감정의 적절한 표현을 읽기가 쉽지 않다. 감정을 포착하기 위해서는 아이들의 표정을 읽는 연습을 해야 한다. 가장 확실한 방법은 아이에게 직접 물어 보는 것이다. 물어 보는 과정에서도 아이의 기분을 꼬집어서 묻기보다는 자연스레 묻는 것이 더 효과적이다.

둘째, 아이의 강한 감정에는 부드럽게 반응해야 한다. 격한 반응이나 무반응일 경우에는 무시당하고 있다고 느끼거나 자신의 감정 표현에 있어서 위축될 수 있다. 아이가 안정감을 느낄 수 있도록 부드럽고 차분하게 대해 줘야 한다. 아이의 입장에서 마음을 이해하고 그 아이의 마음에서부터 접근해 나가야 한다.

셋째, 자녀에게 다가가는 대화를 해야 한다. 자녀가 말을 할 때 도중에 끊거나 대화 주제와 다른 말을 하는 것은 부모가 자신의 말에 주의를 기울이지 않고 있다는 생각과 감정이 무시당하고 있다는 생각을 주게 되어 더 이상 표현하려 하지 않게 된다.

상대의 이야기에 귀를 기울이고 관심을 가지고 받아들이고, 상대의 편을 들어 주며 공감하는 것이다. 이러한 대화를 이끌어 가는 것은 부모이다. 그러므로 부모가 먼저 다가가서 대화를 시도해야 할 것이다. 이러한 대화로 신뢰가 생기고 친밀감과 유대감이 생겨 관계도 더 개선될 수 있다.

넷째, 아이들에게 충고하기 전에 공감하고 의견을 존중해야 한다. 전달방식에 있어서는 장점을 먼저 말하고 나중에 단점이나 고칠 점을 얘기하면 충고를 받아들이는 입장에서 더 효과적으로 받아들인다.

너무 조급하게 문제를 해결하려 하지 말고 충분한 시간을 두고 아이와 대화를 하고 공감을 이끌어 내야 한다. 너무 급한 접근은 아이로 하여금 더 두꺼운 방어벽을 만들게 할 수 있기 때문이다. 질문을 할 때에도 대답할 시간과 충분히 생각할 시간을 주고 다그치지 않는 것이 바람직하다.

3) '버럭'이 자녀를 승복시킨다?

우리나라는 아직까지도 부모의 물리적 · 정신적 폭력이 지속적으로 행해지는 가정이 많이 존재한다.

많은 사회 과학자들은 폭력과 공격성이 본능이라기보다는 학습되어진다는 것에 동의한다. 물론 생물학적 요인을 부인하는 것은 아니지만, 공격성의 학습은 개인의 환경적요인과 상황적 자극 등에 의해 결정된다.

캠벨과 험프리의 논문(Campbell & Humphrey, 1984)의 이론에서는 자녀가 부모의 행동을 모방함으로써 공격적인 행동을 배운다고 하였다. 스트로스와 오언스(Straus & Owens, 1975)는 아동이 가족, 하위문화, 매체 등에서 폭력적인 장면을 많이 보거나 피해자가 될수록 성인이 되어서 더 많은 폭력을 수행하게 된다고 하였다. 그중 가장 영향을 많이 끼치는 요소로 폭력적인 부모로부터의 환경을 꼽았다. 부모가 폭력을 이용해 권력, 지위, 자원을 획득하는 과정을 보았을 때 자녀 또한 부모와 비슷한 방식을 사용하기 쉽다는 것이다.

밴두라(Bandura)의 연구에서는 아동의 공격적인 모델링을 관찰함으로써 폭력에 무감각해지고 정서적으로 충동적이 되기 쉽다고 하였다. 반두라(Eroa, 1972)의 경우는 초등학교 3학년 학생들이 좋아하는 TV 폭력물과 부모의 폭력 행동을 10년 이상 관찰함으로써 아동이 노출되어 있는 환경이 장기적으로 얼마나 그들의 폭력성을 증가시키는지 증명했다.

이와 같은 연구에서 볼 수 있듯이 개인(자녀)의 폭력과 공격성이 1차적으로는 가정에서, 특히 역할 모델이 되는 부모로부터 학습되어진다는 것을 알 수 있다.

가정 폭력을 경험하거나 부부 폭력을 관찰한 성장기 아동은 신체적 발육의 저해, ADHD(주의력 결핍증후군)를 앓을 확률이 높고, 대인관계가 원만하지 못하며 부정적인 자아정체성 형성, 심지어는 정신적인 이상을 보이기도 한다.

아동기 때의 경험, 어릴 때의 폭력적인 환경에 노출된 기억이 더 많은 문제점을 야기한다는 것을 알 수 있다.

아동의 공격성을 측정하기 위한 로스, 레이시와 패트론(Ross, Lacey, & Patron, 1965)의 공격성에 대한 조사 결과, 폭력적인 상황을 직접적으로 자녀가 관찰했을 때에 더욱 공격적인 성향으로의 전이가 쉬우며, 직접적인 피해를 입는 경험보다는 폭력적인 상황을 관찰하는 것이 더욱 영향력을 크게 받는다는 것을 알 수 있다.

또한 여아보다는 남아가 더욱 폭력적이기 쉬우며, 어머니보다 아버지의 폭력적 행동에 영향을 받기 쉽다는 것을 알 수 있다.

부모로부터 아이들이 감정조절 사회에 적응하게 하는 방법을 배우지 못하게 하면 더욱 어려워질 분만 아니라, 때에 따라서는 청소년 비행으로 이어질 수도 있다. 이것은 부모의 화가 단순히 자신만의 문제로 끝날 문제가 아니라는 것을 의미한다.

부모가 감정을 제어하지 못하고, 자녀에게 화를 내는 것은 결코 간단한 문제가 아니다. 자녀와의 소통을 단절시킬 수 있고, 심리적으로 멀어지게 할 수 있다. 그러므로 문제의 심각성을 인식하고 부모가 노력할 필요가 있다.

우선 순간적인 화를 통제하는 것이 중요하다. 막상 문제 상황에 직면하면 감정을 조절하는 것이 힘들 수 있다. 감정 통제 능력을 키우기 위해서는 자녀를 한 명의 인격체로 대우해야 한다. 자녀를 '조종'해야 할 대상으로 생각해서는 안 된다. 자녀가 자기 마음에 안드는 행동을 했을 때, 일방적으로 몰아붙이기 전에 왜 그런 행동을 했는지를 충분한 대화를 통해 알 필요가 있다. 대화를 해보려고 하지도 않고 무작정 화부터 내면 아이는 상처

받게 되고, 아예 부모와 소통하는 것 자체를 거부할 수 있기 때문이다. 부모의 일시적인 감정이 아이에게 부정적인 영향을 끼칠 수 있다는 것을 인식해야 한다. 그러므로 노력을 통해 자녀에게 일시적인 감정 때문에 화를 내어 상처 주지 않도록 해야 한다.

너무 화가 날 때는 잠시 그 자리를 피하는 것도 도움이 된다. 심호흡을 통해 치밀어 오르는 화를 가라앉힌 후에 대화하도록 해야 한다. 이성적으로 감정을 통제할 수 있어야 진심이 왜곡되지 않기 때문이다. 자녀에게도 충분히 생각하고 의견을 정리할 시간을 주어야 한다.

CHAPTER_ 4

자녀의 분노

사람은 화가 나면 자신의 화가 우선시되기 때문에 상대가 자신의 화로 인해 얼마나 기분이 상하는지, 어떤 기분인지를 신경 쓰지 않는다. 나아가, 자신이 화가 난 원인을 전적으로 상대가 잘못했기 때문으로 안다. 그렇기 때문에 화를 부추긴 상대가 사과해야 하고 책임져야 한다고 생각한다. 평소 화를 잘 내는 사람은 상대의 잘못도 있지만, 상대의 의견을 과하게 받아들이는 자신의 잘못도 있음을 인정해야 한다. 자기의 지나친 집착과 과도한 해석이 상대를 지치게 하진 않았는지를 살펴보고 화를 긍정적으로 통제해야 한다.

1. 화 옮기기

화는 실제적으로 화를 낸 사람, 장소, 사물 혹은 사건 등에서 이동시켜 만만하거나 덜 위협적인 사람, 장소, 혹은 사건들에 부풀려서 내는 것이 일반적이다. 예를 들어, 화는 겁을 주는 상관에게서 이동되어 겁이 난 아내에게 위협감과 고통을 줄 수 있다. 의식적일 수도 있지만, 대체로 화의 과정들은 완전히 무의식 상태에서 일어난다고 할 수 있다.

'화를 옮기는 사람'은 화의 대상이 될 이유가 전혀 없는 불특정의 사람에게 갑자기 화(묻지마 살인, 범죄)를 내기도 하며, 있지도 않은 가상적인 상처에 화를 내기도 하고, 혹은 사소한 마음의 상처에도 부적절하게 화를 내기도 한다. 또한 오래된 상처를 축적하거나 과장하여 그것들을 아무런 논리적 근거도 없이 죄 없는 누군가에게 전가시키기도 한다(디오도어 루빈, 1993).

나무나 식물들이 자랄 때에도 공기나 물, 흙 등이 뒷받침이 잘 되어줘야 예쁘게 잘 자랄 수 있다. 그러므로 아이들도 부모의 긍정적 손길에 의해 바른 길로 씩씩하고 밝고 건강하게 자랄 수 있다.

현재와 과거를 분리시켜 화를 잠재우다.

분노하는 원인을 찾아 거슬러 올라가면 과거에 경험한 억울한 감정과 분노가 맞닿아 있는 경우가 많다. 즉 '현재의 화'는 '과거의 화'와 연결되어 있고, 실제로 화에 대한 부정적인 이미지와 분노 성향들은 보통 어린 시절에 형성된다. 따라서 화를 제대로 다스리려면 과거의 화와 현재의 화를 따로 나눠서 보는 것이 필요하고, 바꿔 말하면 과거와 현재를 분리하는 훈련을 하면 화를 잠재우는 데 도움이 된다. 이런 측면에서 '마음 챙김' 명상이 있다.

'마음 챙김' 명상은 100% 집중하는 것이 아니라, 5~10% 정도는 약간의 여백을 남겨서 명상을 하고 있는 자기 자신을 지켜보는 명상법이다.

이렇게 '마음 챙김' 명상을 통해 내면의 소리에 귀를 기울이면 과거에 억압되고 부정하고 회피하던 것들을 자기 연민이나 비판 없이 담담하게 바라볼 수 있는 힘이 생기고 내 안의 문제들도 자연스럽게 치유된다(SBS 스페셜제작팀, 2012).

'칭찬은 고래도 춤추게 한다'라는 말처럼 아이들은 칭찬을 받으면 받을수록 더 힘이 나서 더 잘하고 싶어 하는데, 화를 내버리면 주저앉아버린다.

부모가 다른 사람에게 신경질적으로 화내는 모습을 본다면, 어린 아이들은 부모가 창피할 수도 있다. 화를 내는 부모의 모습을 보며 조마조마해 하고, 불안해하는 아이들의 심리를 부모들은 외면한다.

화를 그대로 표출시키는 것은 아이의 문제 행동을 교정시키기는 커녕 정서와 학업, 그리고 사회적 적응에 이르기까지 악영향을 끼친다. 따라서 왜 아이에게 화가 나는 것인지, 어떻게 해야 보다 바람직하게 표현할 수 있을지를 알고 대처하는 것이 중요하다.

2. 화가 자녀교육에 미치는 폐해

부모들이 말을 듣지 않는 자녀들에게 '너를 보면 속이 터진다!'라는 식의 해서는 안 될 말을 하는 모습을 볼 수 있다. 부모라면 아이들이 잘못을 이해할 수 있도록 잘 타일러서 반성할 수 있게끔 해 주어야 한다. 가끔 부모들은 지나치게 화를 내거나 체벌하여 아이들을 공포에 몰아넣는다.

아이가 잘못을 했다고 해서 무작정 매를 든다면 아이들이 그 문제점을 고치려고 하지 않고 혼나지만 않으면 된다는 생각으로 부모가 보지 않을 때 그 문제 행동을 되풀이할 가능성이 있다. 이렇게 되면 결국 그 아이는 사회에서 문제아가 될 수밖에 없다.

아이가 잘못을 할 때 질문을 통해서 아이의 상황도 들어보고 이해해 주며 아이가 스스로 자기의 문제점을 알고 고쳐나갈 수 있도록 이끌어 주어야 한다. 대화를 통해서 문제점을 풀어주면 의사표현을 할 수 있는 기회를 가질 뿐만 아니라, 부모도 화를 낼 일이 줄어들 것이다. 화를 내더라도 화를 내는 것이 아이에게 할 수 있는 가장 바람직한 방법인지 한 번 더 생각해보고 낼 수 있다.

되도록이면 화를 내는 것을 자제해야 하겠지만, 화를 낼 때에는 부모의 화를 아이에게 풀어 버린다는 식의 생각을 해서는 안 된다. 어떻게 하면 아이의 문제점을 효율적으로 해결할 수 있을지에 대한 방법을 찾는 자세를 길러야 한다. 아이들은 부모가 생각하는 대로 항상 완벽할 수 없다. 아이가 왜 그런 잘못된 행동을 했는지 감정적보다는 이성적으로 생각하고 아이들에게 왜 그랬는지 먼저 물어 볼 수 있어야 한다.

어린 아이일 때에야 부모가 세상의 전부여서 부모의 모습을 따라 한다지만 성인이 되고 나면 분노가 나쁜 것이란 것을 스스로 충분히 알것이며 자연스레 없어지게 되는 것이 아닌가? 하고 생각할 수 있다.

하지만 어렸을 때부터 느끼고 겪었던 분노가 성인이 된다고 해서 하루 아침에 없어지는 것이 아니다. 자신에게 화를 냈던 부모가 밉더라도 그렇게 되기 싫더라도 어린 시절을 통해 전이

된 분노가 쉽사리 사라지지 않는다.

1) 자신조차 왜 화내는지 모른다

부모라면 자녀가 세상을 바라보는 관점이 부정적이길 바라지는 않는다. 조금 더 풍요로운 삶을 살아 주길 바라는 마음에 아이에게 잔소리를 하는 것을 알고 있다. 어떤 상황에 있어서는 부모 자신조차 왜 화내고 있는것인가에 대해 알지 못한다. 자신 때문에 자녀가 마음을 다칠 수 있다는 것을 염두에 두어야 한다. 자신의 아이를 있는 그대로 사랑하며 그 사랑을 표현하는 것이 더 좋은 방법이다.

나 자신을 사랑해야 하는 이유

- 다른 사람에게 존중받고, 대접받고, 사랑받고 싶다면 나 자신을 존중하고, 대접하고 사랑해야 한다. 내가 나를 아끼지 않으면 남도 나를 아끼지 않는다.
- 보상과 칭찬은 항상 남들이 주는 게 아니다. 스스로에게 먹고 싶은 것, 사고 싶은 것을 선물해 주자.
- 성공하고 싶다면 성공한 것처럼 행동하라. 자신감 있는 사람이 되고 싶다면 자신감 있게 행동하자(함규정, 2010).

부모 자신이 현재 불행하다고 아이에게 그것을 표현하는 것은 자녀 또한 불행한 삶을 살도록 이끄는 길임을 인지하고 노력해야 한다.

부모들은 자녀들을 위한 미래지향적 특성을 지녀야 한다. 미래지향적 부모들은 목표를 추구하는 전략가이다. 그들은 시간과 비용을 분석하고 더 큰 보상을 위해 만족을 보류하며 만일의 사태에 대비하여 준비 능력을 갖춘다. 추진력도 강해서 성공할 가능성은 높다. 하지만 오로지 미래만 향하는 사람들은 감정이 메마르고 현재의 과정적 즐거움을 놓칠 수 있는 아쉬움이 있다.

2) 자녀의 분노로 되돌아온다(역지사지(易地思之)의 기술)

가정에서 혹은 밖에서 받은 스트레스를 자녀에게 직접적으로 표현을 하지 않는 부모라 할지라도 부모의 눈빛, 말투 등에서 느껴지는 느낌으로 아이들은 긴장을 하게 되고 그것이 아이의 스트레스로 이어지게 된다. 이러한 스트레스들이 모여 자신은 가정에서 필요가 없는 존재라 생각하거나 일탈을 꿈꾸는 등 자존감이 낮은 아이로 자랄 수 있다.

분노를 감출 수 없는 이유는 화보다 더 격한 감정이기 때문이다. 모욕감을 주고 마음에 상처를 낳게 하는 대상에 대한 강력하고 공격적인 반응이 분노이다. 분노는 불어나는 감정이다. 화를 돋운 일련의 상황으로부터 분노는 발생하고, 이는 다시 발작적으로 폭발할 수 있다. 분노의 강도는 아주 다양하게 나타날 수 있으며, 폭력적인 육체적 반응과 함께 일어날 수 있다. 분노는 대부분 화보다 더 심각한 원인에서 비롯되기 때문에 분노를 억제하면 병으로 이어지기도 한다(아니타 팀페, 2008).

이를 위해서는 상대의 입장에서 이해하는 역지사지(易地思之)의 기술이 필요하다. 부모, 배우자, 자식, 동료, 이웃 등 만나는 사람들의 소속 · 역할, 직위 등을 분석하여 그 상대에 맞는 대화법과 소통 방법을 찾는 노력을 해야 한다.

상대도 나처럼 실수를 할 수 있다는 너그러운 마음과 단점과 취약점을 가지고 있음을 인정하는 열린 마음의 자세가 있다면 분노의 상황은 극복될 수 있다.

3) 자녀는 화내는 법을 학습한다

누군가가 부당한 일에 화를 낸다면 괜찮지만 음주로 인한 이유 없이 걷잡을 수 없는 화, 무조건식 무차별적 화, 나아가 폭행과 폭언을 일삼는 화는 반복되고 반복되면 아이에게 영향이 미친다. 심지어 우리는 누군가의 기분이 안 좋고 우울한 상황이 되면 그 침체된 상황에서 그 기분을 그대로 받아 자신 기분이 우울해진다.

이때 아이들은 부모의 눈치를 보게 될 것이며 부모와 아이 간에 애정의 관계가 서서히 끊어질 것이다. 아이들은 불안감을 느끼며 의지할 곳 없이 성장하게 된다. 그로 인해 아이들은 그 화를 삭히지 못하고, 다른 어떤 누군가에게 화를 뿜어대고 다닐 것이다. 이 악순환이 계속 반복되면 정신적으로 스트레스를 받으며, 집안에 애정이 없고, 부모에 대한 믿음과 사랑이 사라지면서 비행 청소년으로 변할 확률이 높다.

이러한 아이가 자라서 가정을 꾸렸다면, '나는 내 부모처럼 안 살아야지' 아무리 다짐하더라도, 결국 몇 년 동안 계속적으로 보고 자란 게 있기 때문에 폭행, 폭언들이 나올 확률이 높다. 계속적으로 쌓이고 쌓이다 보면 스트레스가 증폭돼 걷잡을 수 없는 상황이 일어나곤 한다. 자신의 부모를 폭행한다든지, 아니면 그 스트레스를 다른 데다가 나쁘게 푼다든지 하는 경우이다.

화의 전가와 축적은 때때로 매우 폭력적일 수 있으며, 특히 축적된 감정의 앙금이 넘쳐 흘러 나와 마침내 그것을 막고 있는 벽들을 무너뜨렸을 때는 상습적이 될 수 있다. 화를 내면 상대를 움직일 수 있을까? 화를 내서 상대방의 행동을 고치는 것은 불가능하다. 감정이 섞이면 상대방 역시 감정적으로 대응하게 되고, 화를 내는 상황이 반복되면 내성이 생겨 상대방이 작은 자극에는 반응하지 않는 상태가 된다(함규정, 2010).

화의 피해자들은 자신의 어머니에 대한 일생 동안의 분노를 자신의 아내나 남편들에게 전가시키기도 한다. 또 어떤 이들은 축적되어 있는 오래된 감정의 덩어리와 앙금을 풀면서 모든 사람과 사물에 대해 심한 적의를 가지게 되고 냉소적이 되기도 한다. 그리하여 때론 일생 동안 욕설을 퍼부으며 지내기도 한다(디어도어 루빈, 1993).

화를 내는 기술을 배운다는 것은 제대로 화내는 방법을 학습한다는 뜻이다. 즉 단순히 분노를 폭발시키는 것이 아니라, 시의 적절하게 상대방에게 화를 낸다는 것이다.

화내는 기술 4가지

1. 화난 즉시 분노를 표출한다.
2. 과거의 분노를 내내 기억하거나 쌓아두지 않는다.
3. 분노의 세기는 강하게, 그러나 금세 마음을 가라앉힌다.
4. 말로 화를 표출한다.

(나카지마 요시미치, 2003).

자주 화를 내는 아이는 까다로운 성격일 수 있다. 주로 자기 조절 능력이 부족하거나 충동적인 면이 많다. 과잉 행동을 보이거나 반대로 늘 경직돼 적응력이 많이 부족하다. 또 보통의 또래에 비해 부정적인 감정을 심각하게 느끼며, 단호한 성격이 특징이다.

'욱'하는 부모 밑에서 '욱'하는 아이가 자랄 확률이 높다. 결국 까다로운 성격으로 길러져서 어른이 되면 '욱'하는 부모가 돼 '욱'하는 아이를 낳는 것이다. 또 그런 부모 밑에서 자랄 경우 감정 조절의 건강한 모델을 찾지 못하고, 그대로 부모 성격을 답습하게 된다. 유전과 학습에 의해 '화'는 세대에서 세대로 전달되는 셈이다.

혼자서 살아가는 사회가 아닌 이상 타인과의 교류와 소통을 하다 보면 마음이 맞지 않을 때도 있고 문제가 생길 수도 있다.

물론 일련의 해결 과정에 있어서 협상이나 타협을 통하기도 하고 양보를 해주기도 한다.

화를 내는 것도 인간 교류의 한 방법이지만, 가끔은 타협이나 양보보다 자신에게 더 효과적이거나 이익이 되는 결과를 이끌어 내는 방법이 되기도 한다.

그러나 화를 낸다는 것이 협상에서의 한 방법이 아닌 억눌린 감정을 무차별적으로 분출하는 것이라면 달라진다. 상대가 누구냐에 따라 결과도 천차만별일 뿐더러 뒤이어 나타나는 결과에 대해서도 쉽게 장담할 수는 없다.

3. 보고 배우는 아이들

부모와 자녀는 가장 행복한 순간 그리고 가장 힘들고 슬픈 순간을 가까이서 공유할 수 있는 존재이다. 또 살아가는 데 가장 큰 힘이 되는 존재이다.

1960년대부터 발전되기 시작한 가족치료 분야의 심리학자들은 한 개인의 심리상태가 당대에 끝나지 않고 다음 세대에도 지대한 영향을 미친다는 사실을 발견했다. 아빠가 자녀와 행복할 때 가족에게 쏟아지는 복은 정말 놀랍다고 한다. 아들과 딸, 부부 관계와 아빠 자신에게까지도 생각하지도 못했던 다양한 복들이 쏟아진다고 한다. 더 놀라운 사실은 이 복이 대를 이어서 계속된다는 사실이다.

심리학자들은 이런 일이 벌어지는 이유로 개인의 능력, 성격 특성, 행동 패턴이 부모에게서 자녀로 전이되기 때문이라면서 이를 '세대 간 전이'라고 불렀다. 예를 들어 아빠에 대한 불만으로 "난 아빠처럼 살지는 않을 거야!"를 외쳤던 아들이 나중에 아빠 같은 사람이 되는 섬뜩한 반전을 영화가 아닌 현실에서 많이 볼 수 있다.

이뿐만 아니라, 애착을 연구하던 심리학자들도 애착의 대물림 현상을 발견했는데 부모와의 관계에서 안정 애착을 경험했던 자녀는 부모가 되었을 때 자신의 자녀와 안정 애착을 맺을 가능성이 높고, 불안정 애착을 경험했던 자녀는 부모가 되었을 때 자신의 자녀와 불안정 애착을 맺을 가능성이 높다는 것이다. 물론 모든 사람이 그렇다는 것은 아니지만 분명 부모와 자녀 사이의 행동에는 상당한 연관성이 존속한다고 할 수 있다.

한 아이의 성장효과를 높이기 위해 부모가 해야 할 일 중에 하나가 바로 8세 이전에 아이의 감정능력을 키워주는 것이다. 아이들에게는 거울신경이 있기에 부모가 보여주는 감정 표현들에 큰 영향을 받게 된다.

어떠한 상황 속에서 부모의 작은 표정, 손짓, 행동, 말투 등과 같은 것들을 보게 된다면 자신이 미래에 그 상황 속에 가게 되었을 때 자신도 모르게 자연스럽게 그것을 따라 하게 되며 그게 맞다고 생각하게 되는 것이다. 화를 자주 내는 부모 밑에서 그걸 보고 자란 아이들은 그런 모습이 정답이고 자신도 그렇게 해야 한다고 생각하게 되는데 그렇기에 부모의 행동은 조심스러워야만 하는 것이다.

사람은 누구나 화를 느끼고 표현하는 능력은 가지고 태어난다. 그에 따라 화를 내는 반응과 방법은 모두 다르다. 우리가 화에 대해 반응하고 행동하는 것은 어떻게 보면 저마다의 배움에 의한 것이라고 할 수 있다.

아이들은 사람들과의 사이에 감지될 수 있는 분위기와 감정, 변화에 민감하게 반응한다. 특히 부모의 성향에 따라 아이의 느낌과 행동은 다르게 일어날 수 있고 아이의 정서가 형성된다 할 수 있다.

부모가 좋은 행동, 습관, 말투를 보여준다면 자녀도 자연스레 그런 부모의 모습을 따라 미래에 좋은 부모가 될 수 있다.

4. 자녀의 분노

우리는 분노를 경험하며 살아간다. 대부분의 분노는 파괴적이며, 부정적인 이미지로 인식된다. 하지만 '분노는 선택이다'라는 말처럼 분노 경험, 표현, 결과에서 어떤 방향을 택할 것인가는 어디까지나 자신의 선택이다.

흔히 부모들은 자녀가 공부를 못해서, 약속을 지키지 않아서, 거짓말을 해서, 학교에서 사고를 쳐서 등으로 변명이나 합리화 하는데 이 같은 조건에서도 내 선택에 의해 분노는 발생할 수도 있고 아닐 수도 있다(전겸구, 2007).

벤자민 프랭클린(Benjamin Franklin)은 "분노에서 시작된 것은 무엇이든 수치심으로 끝난다"라고 말했다. 그만큼 자신을 자책하거나 화를 자극하거나 하는 행동으로 좌절감을 겪을 수도 있다.

1) 부모는 잘 모르는 자녀의 인간관계

① 인간관계의 어려움

어머니의 반복적인 체벌 때문에 어머니와 아이의 관계가 느슨해지고, 어머니와의 관계에서 좌절감을 느낀 아이들은 그렇지 않은 아이들보다 자기중심적인 사고를 하게 된다. 이런 문제들로 아이들은 원만한 인간관계에 많은 어려움을 갖는다.

인간관계에 있어서도 부모의 사랑을 받지 못했기 때문에 상대에게 의존하려고 하거나 집착할 수 있다. 특히 부모와의 불완전한 관계 때문에 정서불안, 공격적 성향 및 반항심 등으로 다른 사람의 감정을 헤아리지 못하여 사람들과 관계를 맺는 데도 안정적이지 못하고, 공격적으로 행동할 가능성이 높다.

부모의 분노가 자극이 되어 자녀가 거기에 맞게 행동과 말이 길들여질 수도 있다. 부모의 화를 보고 무서워하는 자녀는 순종하는 것처럼 보이지만, 부모의 화가 없어지면 불순종하는 모습을 반복하게 된다. 이것은 자녀가 부모의 화라는 자극에 반응하는 수동적인 인간이 된다는 것을 의미한다.

어릴 적에는 부모에게 어쩔 수 없이 의존하다가 성인이 된 이후에는 부모에게 공격적인 언행을 표출할 수 있고 부모와 자녀의 관계가 사랑으로 형성되고 발전되는 것이 아니라, 주고받는 식(Give & Take)의 관계가 맺어질 수 있다. 이렇게 자란 자녀가 성인이 된 이후에도 자신의 자녀에게 똑같은 식의 관계 맺기를 강요할 수도 있다.

아이는 부모에게 의지할 수밖에 없고, 사랑과 관심을 필요로 하지만 부모는 착각하여 '내 아이는 괜찮다'는 생각으로 무의식적으로 심한 말을 하거나 화풀이를 하는 것을 쉽게 생각할 수 있다. 어린 아이는 스스로 감정을 조절하고 통제할 수 있을 정도로 정신적으로 성숙한 것도 아니며, 단지 화를 듣고 수용할 수밖에 없는 피해자밖에는 되지 않는다.

중요한 것은 어릴 적 상처는 그 순간에 그치는 것이 아니라, 무의식적 속에 남아 성인이 된 이후 자신의 자녀에게 혹은 주위 인간관계에서 자신이 받은 상처들을 표출할 가능성을 배제할 수 없다는 것이다.

② 정신적 미성숙

화를 내는 부모 밑에서 자란 아이들은 성장하면서 훨씬 심각한 문제에 직면하게 된다. 코반카와 멕케이는 300건의 가족력을 조사한 결과 부모들로부터 구타, 고함, 위해 등 폭력을 받으며 성장한 여성들은 감각적으로 무덤덤해지고, 타인과 친밀감과 유대감에 얽힌 상처를 지니고 있으며 친구관계는 오래가지 못했다고 한다.

아이는 마음속의 감정과 정신적 소속감을 갖지 못할 경우 우울증 확률이 높아지고, 소외감 또는 부정적인 관념 등으로 인해 정신적으로 미성숙한 성인으로 성장한다.

마음속 깊은 곳이 사랑으로 채워지면, 사랑, 존중, 소중함 같은 긍정적인 감정과 건설적인 행동 성향이 나타나는 반면 부정적인 감정으로 채워지면 불신, 복수, 증오 등의 파괴적인 감정의 행동 습성이 나타나게 된다.

2) 친구들로부터의 소외

① 비행에 빠지기 쉬운 행태

화를 자주 내는 아이들은 반사회적 문제를 드러낼 가능성이 높아져 작게는 비행, 크게는 범죄까지도 저지를 확률이 높다. 부모나 어른들이 아이의 마음속 깊은 곳을 사랑으로 채워 주지 못했을 경우 정신적·육체적으로 소속감을 느끼지 못하게 된다. 이런 욕구의 충족을 위해 아이들은 파괴적이고 극단적인 다른 방법을 찾는 경우가 많다.

부모의 감정이 아이에게 그대로 전해지게 될 때 첫째, 아이는 부모의 감정을 그대로 받아들이게 되므로 부모의 부정적인 마음을 함께 공유하게 된다. 그런데 이 상황이 반복된다면 아이는 쉽게 화에 노출되어 전혀 화를 낼 상황이 아님에도 화를 내는 등 감정을 조절하는 데 문제가 생긴다.

둘째, 다혈질적인 부모님 밑에서 자란 아이들은 부모가 언제 화를 낼지 모르기 때문에 성격이 소극적으로 변하게 되고 어떤 일을 하더라도 부모의 눈치를 보게 된다. 다른 사람의 감정에 예민해지다 보니 말도 없어지고 모든 일에 수동적이고 의욕 없는 아이가 된다.

셋째, 부모의 감정에 따른 행동이 자녀의 비행의 원인이 될 수 있다.

부모는 자녀의 비행을 교정하기 위해 분노를 표출하는 경우가 있다. 이는 이미 자녀가 일탈을 저지른 결과에 대해서 부모가 그 과정에 대한 반성이 없는 경우가 문제가 된다. 부모는 가정불화, 혹은 극단적인 억압으로 자녀가 일탈을 하게 되는 경우 대체로 자신들의 문제를 돌아보기보다는 아이의 문제로 치부하고 더욱 억압하려고 한다. 이 과정에서 부모가 생각하는 방향으로 자녀가 나아가지 않는 기미가 보이면 여지없이 통제하려고 한다.

이 같은 경우에는 부모도 이기적인 생각을 버리고 자녀 입장에서도 적극적으로 부모님과 대화하려고 시도해야 한다. 자녀도 하나의 인격체인 이상 단지 부모의 목표 달성을 위해 자신들이 옳다는 방향으로만 끌고 가려는 것은 잘못된 전략이다. 비행에 있어서도 부모 문제로 인한 결과라면 부모 스스로 돌이켜보고 반성할 줄 아는 태도를 가져야 한다.

② 공격적이고 더 반항적인 행동

분노는 감정이다. 분노는 기쁨이나 사랑과는 다르게 느껴지고, 상황에 따라서는 얼마든지 공격적인 성향으로 표출될 수 있다. 분노가 생기면 이성을 잃을 수도 있다. 한편으로는 폭력이나, 파괴 행위, 심지어 살인까지 불러일으킬 수 있다(조셉 수랜드 · 리 디바인, 2013).

분노에서 나오는 체벌은 아이를 반항적이고 통제하기 힘들게 만든다. '매를 아끼면 아이를 망친다'는 격언이 있지만 1994

년 비즈 스트라스버그가 증명한 바에 의하면 매를 맞는 것 자체가 공격성을 낳는다는 결론에 도달했고, 그 이유는 매를 맞은 아이들은 신체적인 억압을 통해 다른 사람을 통제할 수 있다고 배웠기 때문이라고 하였다.

매를 맞거나 이를 본 자녀들은 분노를 경험한 후에는 자연스럽게 부정적인 행동이 나온다고 인식하고 기억 속에 저장하게 된다. 그렇게 되면 아이들은 감정으로만 부모와 동일시하는 것이 아니라 행동도 똑같이 행하면서 부모와 완전히 동일시 한다.

이 아이들이 성장하게 되면 폭력적인 성향과 감정조절 문제로 학교폭력 문제가 나타날 수 있고, 가정 내에서 폭행사건으로 문제를 일으킬 확률이 상대적으로 높다. 물론 모든 폭력 문제가 부모의 화가 자녀에게 전이되었다는 이유만으로 원인을 설명할 수는 없다. 하지만 불안정하고 감정조절에 문제가 있는 부모들 밑에서 자란 자녀들이 일으키는 범죄가 많은 것을 본다면 부모의 감정 전달이 자녀에게 이루어진다는 사실을 절대 간과해서는 안 될 것이다.

③ 우울증으로 전이

전이는 '어떤 대상에 향하였던 감정이 다른 대상으로 옮아감'이라는 의미로 사용되어진다면 부모의 화가 자녀들에게 가장 흔히 전이되는 상황은 무엇일까? 가령 부모가 싸울 때는 분노를 포함한 극심한 화의 표현이 나타나는데 이때 중간에 낀 아이들은 부모님이 싸우는 모습을 보고 싶지 않고 듣고 싶지 않아도 어쩔 수 없이 노출되는 경우가 많다. 부모가 싸우는 상황이 오면 자녀들은 너무도 불편하고, 그 자리를 피하고만 싶다. 그 이유는 부모의 부정적인 감정으로 인해 아이 또한 우울해지고 슬퍼지게 되는 것이다.

우리는 사회생활을 하는 직장인들이 폭력적이고 다혈질적인 상사나 동기들에 의해 일을 진행하는 데 있어 피해를 받기도 하고 문제가 발생하는 것을 볼 수 있다.

무슨 일이든 인간관계를 바탕으로 이루어지는 직장에서 다른 사람들의 감정을 무시하고 일을 한다는 것은 힘든 일이다. 다른 사람의 감정이 분명 자신에게 전이되고 공감되면서 우리는 공동체적으로 일을 하고 있고, 그렇기에 다른 사람의 감정이 어떠한가에 따라 그들의 감정을 닮아 갈 수밖에 없다.

이에 우리는 사회적으로 화를 다스리지 못해 인간관계 속 문제를 겪거나 고통을 경험하는 사람들이 많음을 깨닫고 사회구성원 전체가 나서서 개인의 감정을 어루만져 줌으로써 유순하고 안정된 사회를 만들 수 있다.

상대적으로 가족에 비해 오랜 시간 함께 지내지 않은 이들의 감정이 미치는 바도 상당한데, 하물며 평생을 함께 해온 부모님이 느끼는 감정이 영향을 미치지 않는다고 생각할 수 있을까? 이러한 부분에서 본다면 우리는 직장 생활 중 다른 이들의 감정이 전해지는 것보다 훨씬 더 심각하게 부모님의 감정이 전이 된다고 볼 수 있다.

크로켄버그는 아이들이 화내는 부모와 거리를 두고 싶어 한다는 것을 알아냈고 부모와의 관계에서 좌절감을 느낀 아이들은 더욱 자기 중심적으로 변하며, 아이들이 고통을 느낄 때 자주 방치하면 아이는 어머니가 화를 내어도 무감각해진다는 사실을 밝혔다.

성인의 우울증 요인 중 가장 지배적인 요인은 어린 시절에 겪은 체벌이라고 한다. 매를 맞고 자란 아이들이 청소년기에 우울증을 더 많이 앓는다고 한다. 우울증은 학습된 무기력감과 육체적인 학대로 인해 아이들이 '될 때로 되라는 식'으로 도덕적 기준의 부재를 겪기 때문이라고 한다.

5. 자녀 알아가기

'질풍노도의 시기'를 겪는 사춘기 학생들은 부모의 잔소리에 대해 극히 민감하다. 반항하거나 독립을 요구하는 청소년 시기의 경우에는 자신감을 갖는다는 것과 공격적인 것의 차이를 가르쳐야 한다. 자유와 책임을 알게 하고 그 한계를 명확하게 정해서 그 가두리 안에서 행동하도록 해야 한다.

청소년 시기는 특히 아이를 더 많이 칭찬하고 보듬어 주어야 한다. 부모와 자녀간의 갈등으로 이견의 차이를 보일 때는 아이를 얕잡아 보거나 비난하면 아이는 말을 하지 않는다. 대화가 사라지면 집 밖을 배회하며, 그 때부터는 집으로 돌아올 가능성이 희박해진다. 그러므로 또래 친구들과 대중매체 및 인터넷에서 나타나는 유머나 가요에 대한 그들만의 세계관, 가치관, 이야기에 대해 들어주고 공감해 주어야 한다.

자식을 교육시키는 것은 중요하다. 자신이 가지고 있는 화를 자제하지 못하고 교육을 시킨다면 교육의 역효과를 일으킬 뿐만 아니라 오히려 자식을 더 삐뚤어지게 하며 서로 화가 더 치밀어 오를 것이다.

자녀가 보이지 않는 곳에서 화를 해결하는 부모들도 있다. 사람들은 저마다 화를 가라앉히는 방법을 가지고 있을 뿐만 아니라 자신이 가지고 있는 화를 단기적으로 표출하는 사람이 더 많을 뿐이지, 장기적으로 감정을 끝까지 억제하는 사람도 있기 마련이다.

장기적으로 끝까지 자신의 화를 억제하는 사람들은 오랫 동안 자신의 화를 감춰왔기 때문에 더 위험하다. 이러한 사람들은 화병을 통해 불면증, 불안장애 등이 올 수도 있고, 치료가 필요한 경우까지 있다. 그 상황 역시 자녀들에게는 스트레스가 된다. 따라서 자신의 감정을 표출하지 않고 화를 억누르는 사람일지라도 자녀에게 영향을 끼치는 것이다.

좋은 부모가 된다는 것은 어려운 일이다. 부모의 화는 자식에게 전이되지만 역으로 생각하면 자신의 감정을 잘 추스릴 줄 아는 부모 역시 그러한 부분이 자식에게 올바르게 전이되지 않을까 한다. 인간은 매우 자극적인 존재로 나쁜 것은 더 빨리 배운다. 그에 대한 대표적인 예로써 '다른 나라의 욕, 탈선' 등이 있다. 그렇기 때문에 좋지 않은 부분들은 자식들에게 보이지 않게 하기 위해 부모로서 빨리 수정하는 자세가 필요하다.

이처럼 화를 다스리는 것은 평생 안고 가야 할 숙제이다.

CHAPTER_ 5

화에 대한 부모들의 교육적 인식

상대에게 제대로 화를 내고 동시에 상대의 화를 받아들이는 기술도 익혀야 한다. 부모와 자녀의 경우에도 화를 전하려고 생각한다면 상대의 화도 정확하게 받아들일 수 있어야 한다.

1. 자녀에게 '너의 생각은 어떠니'라고 묻자

사람과 눈을 맞추면 화가 누그러지고, 얼굴을 보며 인사를 하는 것만으로 공격적인 가능성을 낮출 수 있다. 화가 나서 서로 피하기보다는 부딪치며 대화로 풀어가는 것이 좋다. 고된 일과를 마치고 들어온 부모에게 자녀와의 대화는 하루 중 유일한 낙일 수 있다.

그럼 하루에 자녀와 대화하는 시간이 과연 얼마나 될까? 학교 등교, 직장 출근, 빡빡한 학원 스케줄, 그나마 같이 있는 시간 마저 스마트폰에 대화 시간을 뺏겨 버린다.

한국과학창의재단이(2014. 5. 21) 서울 소재 고등학교 522명

대상으로 조사한 바에 의하면, 50.8%가 가족 하루 평균 대화시간이 30분 이내라고 답했다. 이것은 가정내의 대화의 단절이자 사회의 단절을 의미한다.

이러한 단절은 우리 사회의 분노 · 불신을 키우는 결과를 가져올 수 있다. 그러므로 부모와 자녀는 바빠서 자주 만나지 못하는 일상중에서 함께하는 외식이나 식사 시간만이라도 눈을 맞추고, 이해와 애정의 눈빛으로 이야기를 해 나가야 한다. 그리고 사소한 학교 문제, 학원에서의 일이라도 자녀에게 '너의 생각은 어떠니'라고 묻고, '부모님의 생각은 말이야'라는 쌍방적 대화를 시도하는 것이 좋다.

2. 자녀보다 나를 평가하자

모든 일에 지나치게 결과만을 강조하면 자녀의 자존감 및 부모의 교육목표 판단도 흐리게 된다. 시험으로 자녀의 마음과 공부의 과정을 평가하지는 못한다. 부모는 기본적인 교육목표, 자녀의 일간 주간 학업 성취도, 전반적인 자아 존중감, 인성 발달 정도 등을 포함하는 다양한 요인에 근거하여 성공 여부를 판단해야 한다. 시험결과뿐만 아니라 지적 수준, 학습량을 결부하여 자녀의 현 상태를 파악한 후 학습에 임하도록 촉구해야 한다.

부모의 과도한 욕심으로 감정적으로 화가 났을 때 체벌을 하는 것은 아이들을 교화시키기보다는 반항적이고 통제하기 힘든 아이로 만든다. 아이들이 점점 부모와 거리를 두려고 하기 때문이다.

아이가 잘못했을 때 즉각 잘못을 지적하며 화를 낸다면 격하게 화를 내는 부모에게 자신의 잘못에 대한 변명을 할 여지도 없이 기가 죽거나 눈치를 많이 보게 된다. 게다가 더욱 심각한 문제는 부모의 공격성이 일상화되면서 무기력한 인격체가 될 수 있다는 것이다.

한편 아이들이 잘못된 행동을 범했을 때 무관심이나 침묵으로 일관하며 싸늘한 태도를 보인다면 아이는 자신의 감정을 솔직하게 표현하고 싶어도 할 수 없다. 아이들은 스스로 자기 감정에 대해 둔해지고, 잘잘못을 판단하는 기준을 세우기 어렵다.

부모들은 화를 참기보다는 가라앉히는 것이 옳다. 화를 참게 되면 자꾸 쌓이게 되어 화병에 노출되기 쉽고, 우울해질 수 있다. 정말 화가 날 때는 심호흡을 한번 하고, 아이를 자신과 똑같은 인격체로 대해주며 지금 아이의 행동에 어떻게 느끼고 있는지 설명해주는 것이 좋다. 무작정 화를 내며 꾸짖기 보다는 왜 지금 화가 나는지, 어떤 행동이 잘못 되었는지를 깨우쳐 주어야 한다.

아이가 세상에 대해 긍정적인 시각을 가질 수 있고 올바른 정체성을 형성할 수 있도록 부모의 행동부터 변해야 한다. 자신을 돌아보며 냉정히 평가해 격앙된 감정을 가라앉힐 줄도 알아야 한다. 부모가 자녀를 훈육하는데 가장 중요한 요소 중 하나는 늘 스스로를 반성하고 성찰하려는 자세이다. 자식 눈에 비친 부모의 모습은 어떨까 한 번쯤 생각해 볼 필요가 있다.

3. 집안 환경의 일관성을 유지하자

자녀의 흔들리지 않는 믿음은 부모와의 관계에서 만들어진다. 작은 변화에 민감하게 화내거나 동요하는 모습을 아이에게 보였다면 아이는 작은 일에도 불안해하거나 분노하기 쉽다. 운동선수의 부모들은 자녀의 경기에서 좋은 성적을 거두지 못할 때에도 변함없는 애정을 보인다. 부모에 대한 신뢰도가 높은 선수일수록 매 경기마다 좋은 성적을 거두고 최고의 실력을 발휘할 수 있기 때문이다.

부모를 중심으로 한 일관성 있는 집안 환경은 자녀들이 주변 환경을 입체적으로 파악하고 정신을 집중하는데 도움을 준다. 부모가 아이들에게 어떻게 하라고 이야기할 때는 첫째, 아버지와 어머니의 일관된 교육관으로 그 이유를 반드시 설명해 주어야 한다.

아이들은 무슨 일이든 해야 할 이유를 알고 싶어 하며, 또 알아야 할 권리가 있다. 그렇지 않으면 아이들은 부모의 존재 가치를 의심하며 그들 자신의 가치도 의심하게 된다. 어떤상황 어떤문제가 발생하더라도 자녀들과 같이 대화하며 해결해 나가도록 노력하며 아이들의 의견도 최대한 반영해 타협해야 한다.

둘째, 부부가 서로 자녀교육에 진정한 관심을 보여야 한다. 부부가 함께 참여하면 사이가 더욱 좋아질 뿐만 아니라 자녀들과의 정서적 친밀함을 형성하고 유지하는데 도움이 된다. 아버지는 아내를 격려, 지원하고, 인성교육을 책임진다. 그러므로 가정교육에서 부모를 중심으로 한 일관성 있는 교육환경과 집안환경을 유지하도록 감독하고 지원하는 가장의 역할은 매우 중요하다.

4. 자녀의 마음에 진실되게 다가가자

부모와 자녀는 서로에 대한 긍정적인 감정과 애정 표현을 자유롭게 할 수 있어야 한다. 부모와 자녀는 정서적으로 협력하면서 조화를 이루어 서로가 힘들 때 알아봐 주고 감정을 보살펴 주어야 한다. 서로의 감정을 속이지 않으면서 해결책을 찾도록 지속적인 대화를 나누어야 한다.

부모나 자녀가 서로의 기회를 인정해 주고 부모는 새로운 변화에 대해 학습하고 수용하려는 자세가 있을 때 서로의 마음의 문이 열리고 대화가 이루어질 것이다.

자녀가 부모에게 표출하는 분노를 진실된 마음, 열린 태도로 받아들여야 한다. 대부분 분노는 서로의 영역을 침범함으로 발생한다. 상대방의 입장이 되어서 무엇이 잘못되었는지, 무엇을 잘못했는지를 물어보는 반성의 시간을 가져야 한다. 자존심을 내세워 이기는 것이 목적이 아니라 합의점을 찾아 타협하는 것이 좋다.

개인이 견딜만한 수준의 긴장감과 불안은 오히려 긴급적 · 위협적 시기를 대비하는데 도움이 된다. 그러므로 아이의 긴장감이 지나치면 분노나 병이 되지만, 가벼운 긴장감이 긍정적으로 작용할 수 있도록 뒷받침해 주어야 한다.

5. 상황에 맞게 탄력성 · 유연성을 지니자

살다보면 예상치 못한 상황들이 불쑥 우리 앞을 가로막을 때가 있다. 이 때에서는 '어떠한 상황에도 탄력적으로 유연하게 대처하느냐?'가 중요하다. 아무리 부모와 자녀가 친하다고 해도 친구들과 이야기하는 것과 부모와 이야기하는 것이 다를 수밖에 없다. 부모의 염려담긴 말을 아이들은 '듣기 싫은 잔소리'로 생각하고, '간섭하지 마세요', '알아서 할게요' 등으로 부모의 애간장을 태운다. 때론 장애물이 종종 기회로 작용하는 경우도 있다.

따라서 부모는 예기치 못한 순간이나 방해물이 발생할 수 있음을 감지하고 사전에 충분히 준비하고, 탄력적으로 수용할 수 있어야 한다. 지혜로운 부모는 갑작스러운 혼란이나 방해물에도 허둥대지 않고 자녀에게 설명하고, 이해시키며, 발전의 기회로 삼는다.

6. 분노를 무시하기보다 해결하자

화나 분노를 잘 참지 못하는 사람은 감정이 극에 달해 폭발하기 전에 감정의 수위를 정해 확인하는 방법을 익혀두어야 한다(스티븐 스타인 · 하워드 북, 2007). 예를 들면, 학생들이 잘못을 했을 경우 교사는 어디까지 화를 낼지에 대해 상황에 따른 감정 수위나 체벌 정도를 설정해 두는 것이 좋다.

아이가 학교에서 이유 없이 화를 낸다든지, 식당이나 가족 모임에서 버릇없이 군다던지 하면 화가 치밀어 분통이 터질 것이다. 그러나 아이가 버릇없이 굴었다고 해서 곧바로 부모의 감정대로 야단치거나 무시해서는 안 된다. 야단을 치기 전에 잠시 생각의 시간을 갖는다. 부모가 상황에 대해 현명하게 해결해야 된다. 오히려 부모가 화를 내면 상황을 악화 시킬뿐이다.

아이가 왜 화가 났는지 원인을 파악하고, 아이의 기분을 이해해 주고 화를 풀어주는 것이 우선이다. 부모는 아이보다 자신의 감정을 조절해서 스스로 충동을 자제하고 화가 치밀어도 현명하게 행동해야 한다.

대부분의 사람들은 타인의 문제행동만 지적하고 '남탓'이라 생각하며, '내 탓'으로 생각하지 않기 때문에 근본적인 문제를 찾지 못하고 소통할 수 없다. 우리는 제대로 효율적으로 소통할 수 있는 방법에 대해 배워야 하며, 서로 달라지려고 노력하는 자세가 필요하다. '남탓'이 아니라 '내 탓', '네 덕'이라는 마음으로 함께 옆에 있는 상대와 소통해야 한다.

CHAPTER_ 6

화를 제대로 내는 기술

타인을 향한 원망과 화는 부메랑이 되어 자신에게 되돌아온다. 올바르게 제대로 화를 표현하는 사람은 상대를 원망, 증오하기보다는 문제 자체에 집중하고 합리적인 원인을 찾으려고 한다.

1. 화를 제대로 내기

1) 화를 억누른다?-오히려 부정적 결과를 낳는다

화를 억지로 누르면 화병이 된다. 스웨덴 스톡홀름대학 토어노스트롬 교수팀은 화를 잘 참는 성격의 사람일수록 술을 10% 더 많이 마셨고, 폭력성을 드러내는 정도도 5% 높았다고 한다.

화를 드러내지 않는 사람들은 솔직하고 숨김없이 표현하는 방법을 알지 못한다. 그래서 누군가가 감정을 건드리거나 자극하면 갑자기 확 올라오며 공격하는 것이다.

또 다른 상대를 향해 내야 할 화를 자신에게 돌리기도 하는데 이 또한 잘못된 방법이다. 누가 자신을 뒤에서 비판 · 비난했을 때에 화를 내는 사람이 있는 반면 수긍하고 억누르는 사람도 있다. 불합리적인 상황이라면 상대에게 비난과 비판을 인정하지 못하겠다고 말을 해야 한다.

인간관계이기 때문에 내가 어떠한 이유 때문에 화가 났고, 어떠한 점이 기분이 상하니 상대에게 어떠한 점은 주의해 달라고 정중히 말한다. 화는 자제하면 오히려 부정적인 결과를 낳을 수 있다.

2) 화는 빨리 낼수록 좋다

참다 참다 폭발하면 화내는 사람만이 이상한 사람이 된다. 오히려 화는 빨리 낼수록 좋다. 인간관계의 지속성에 있어서는 "화가 나서 흥분하는 사람은 화가 나서 위축되는 사람보다 무섭지 않다"라는 말이 있다.

화가 나서 흥분한 사람보다 분명 화가 났음에도 겉보기에 전혀 화난 것처럼 보이지 않는 사람이 훨씬 더 두렵다는 것이다. 그런 사람은 상황에 매몰되지 않고 사태를 객관적으로 보며 냉철하게 받아들일 줄 아는 사람이다.

어떻게 화를 내야 될지를 모르는 사람은 이성을 잃기 전에 일단 화내는 사람을 관찰하여 어떻게 화내면 좋은지 알고 있는 모범이 되는 사람을 모방하는 방법도 있다.

3) 화는 무기이자 방패다

화는 엄청난 공격에 저항하고 자신의 가치나 관심, 모욕과 굴욕을 당했을 때 상대를 제압할 힘을 준다. 화는 일반적으로 나쁘다고 묘사되지만, 상황에 따라서는 무기이자 방패가 될 수 있다(마고트 슈미츠, 마하엘수미츠, 2009). 분노를 받아들이지 않거나 허용하지 않는다면 스스로에게도 좋지 않다. 일상에서 “화내지 말고 참아라”라고 하는 것은 좋은 충고가 아니니다.

화는 타인에게 변화를 요구하는 감정이며, 무언가를 더 이상 간섭하지 말라는 신호이다. 이기적이고, 공격적인 사람에게 사람들은 공격적으로 강렬한 눈빛과 몸짓, 날카로운 목소리, 직접적인 언어로 강하게 화를 낸다. 상대에게 더 이상 자극하지 말 것을 암시하며 더 이상 넘어오면 저항과 반격을 각오해야 함을 암시한다.

이 때의 화는 남들로 인해 침해받거나 빼앗기고 싶지 않은 것을 지키는 무기이자 방패가 된다. 단 자신의 화를 잘 관리하지 못하는 사람은 인간 관계도 멀어지게 함을 숙지해야 한다.

4) 화를 제대로 내면 문제의 실마리가 보인다

모든 인간은 완벽할 수 없고 감정적으로 부족함을 드러내기도 한다. 부모도 인간이기에 자신만의 문제를 가지고 살아간다. 그 때문에 가끔씩 아이들이 화의 대상이 되기도 하지만 대부분 사랑과 이해 속에서 아이들을 보살핀다. 그러나 가끔 화를 참지 못하는 부모가 아이에게 부정적인 영향을 미친다.

"누구든지 성을 낼 수 있다. 그것은 쉬운 일이다. 그러나 올바른 대상에게, 올바른 정도로, 올바른 시간에, 올바른 목적으로, 올바른 방식으로 성을 내는 것 그것은 모든 사람들이 할 수 있는 일이 아니며, 쉬운 일도 아니다"는 아리스토텔레스의 말이 있다.

다른 사람을 원망하며 화내는 일은 결코 현명하지 않다. 그런 화는 이미 긍정적인 분노가 아닌 증오이자 파괴를 부르는 복수심에 지나지 않기 때문이다. 바르게 화내는 사람은 문제 그 자체에서 객관적이고 합리적인 원인을 찾아내려 한다.

예를 들어 가족의 적극적인 협조가 없어 중요한 시험에 떨어졌다면 이럴 때 누구나 실망스럽고 화가 난다. 그러나 객관적으로 생각해보면, 이것은 가족의 탓 혹은 자신의 탓도 아니다.

따라서 가족이나 자신에게 화의 원인을 찾기보다 앞으로 어떻게 하면 가족의 지원을 받을 수 있을지, 어떻게 하면 더 집중적으로 공부해서 좋은 결과를 얻을 수 있을지 생각하려고 노력해야 한다. 그렇게 함으로써 가족이나 자신을 비난하거나 책망하지도 않고 대책을 세울 수 있게 되는 것이다.

이렇듯 원인을 객관적으로 파악하여 바르게 화를 낼 수 있다면 그것은 오히려 문제를 해결하기 위한 긍정적인 사고를 가능하게 만드는 요인이 된다(오가와 히토시, 2013).

2. 화를 제대로 내는 기술

1) 화내는 상대의 말에 공감하자

화가 나서 마음이 상하거나 의견이 충돌되면 자신의 생각과 마음을 털어놓고 싶게 된다. 자신이 왜 화가 났는지를 이해해 주길 바라는 마음에서이다. 그러나, 상대도 화가 난 상태에서 자신의 주장을 이해 받길 원한다. 이러한 상황이 반복되다 보면 더 큰 화를 일으킨다. 오히려 이때 상대의 입장을 먼저 '듣고' 귀 기울이는 것이 좋다. 나 때문에 왜 화가 났는지 눈을 마주치며 적극적으로 호응하며 공감해 주어야 한다. 그러면 상대가 '자신의 말을 집중해서 잘 듣고 있구나' 하며 화가 풀어질 가능성이 높다. 이것은 화가 자신의 입장을 이해하고 공감할 때 쉽게 사라짐을 알 수 있다.

공감이란 다른 사람의 감정이나 생각을 파악해서 이해하고 존중해 주고 타인이 무엇을, 어떻게, 왜 느끼고 생각하는지 올바르게 파악하는 능력이다. 공감은 감정을 읽을 수 있다는 뜻이다. 공감을 잘 하는 사람은 타인에게 관심을 갖고 걱정을 표현할 줄 안다(스티븐 스타인 · 하워드 북, 2007).

타인의 세계관에 동의하지 않고 타인의 관점이 나와 맞지 않다고 배척하거나 터무니 없다고 생각하고 비판하는 자세는 옳지 않다. 오히려 상대의 관점에 대해 물어보고 어떻게 생각하는지를 파악해서 서로 공감한 후 협조적 관계로 개선해 나가는 것이 바람직하다.

2) 화는 논리적으로 내자: 타인이 인지할 수 있도록 조목조목 따져서 내자

자신의 가슴 속에 쌓인 감정을 말로 표현해 적절히 내보낼 수 있다면 스트레스는 쌓이지 않는다. 이런 의미에서 화는 현대 사회에서 살아남기 위한 강력한 무기가 된다. 무슨 일이든 안달하고 불만을 키우면 자기도 모르는 사이에 스트레스와 분노가 쌓인다. 이는 건강에 좋지 않으며 바르게 화를 내면서 하고 싶은 말을 논리적으로 털어 스트레스를 해소해야 한다(오카와 히토시, 2013).

이때에는 어떤 말로 어떻게 논리적으로 표현할지가 중요하다. 화를 낼 때는 절대 폭력적인 말과 행동을 사용해서는 안된다. 상대를 납득시키는 일에는 거칠고 폭력적인 말보다 부드럽고 따뜻한 말이 훨씬 효과적이다.

제1차 세계대전 이후 간디는 인도가 영국으로부터 독립할 수 있도록 온 힘을 다해 투쟁했다. 당시 독립운동은 예외없이 무력과 민중의 피로 얼룩졌다. 간디는 폭력이라는 과격한 방법보다는 평화적인 방법으로 운동을 전개하여 독립을 이끌었다. 간디는 "폭력으로 얻은 승리는 패배와 다름없다. 그 영광이 순간에 그치기 때문이다"라고 했다.

폭력으로 상대를 제압할 수는 있어도 이는 일시적 만족이며, 근본적으로는 문제를 해결할 수 없음을 알았다. 간디는 비폭력 불복종으로 영원한 승리를 쟁취했다. 회사의 파업 시에도 계속적으로 장갑이나 신발 한짝만을 생산하며 노동자의 목소리를 높이는 노동자의 경우처럼, 노 · 사간의 원할한 타협의 시간을 재조정하기 위해서는 폭력과 무력이 최선이 될 수 없음을 알아야 한다.

다만, 비폭력 운동에서도 입은 닫지 않고 계속 움직여, 왜 화를 내는지를 상대에게 알게 했다. 간디를 통해 알게 된 사실은 최대한 미덕을 지키면서 화내야 한다는 사실이다.

화가 나는데도 화내지 않고 가슴속에 쌓아둔 채 조바심만 낸다면 결국 이성을 잃고 폭력을 휘두르게 될 것이다. 그럴 바에는 바르게 화내는 과정을 통해 폭력을 지혜롭게 다스리는 편이 낫다.

3) 화는 '쿨'하게 내자

자신이 왜 화내고 어떠한 점이 화를 발생하고, 어떠한 점이 기분 나쁘니 타인에게 이런 점은 삼가 달라고 정중히 말하자. 상대방의 반응과 얄미운 표정을 떠올리고 분노를 곱씹으며 '분노의 씨앗'이나 복수를 싹 틔우기보다는 '쿨하게 화내는 것'이 낫다.

그러나 중요한 사항은 서로 간에 분노를 정확하게 충분히 느낄 정도로 표출하면서 동시에 대화도 만들어가야 한다. 화를 남김없이 정확하게 쏟아내고 난 뒤, 이해받고 이해하는 관계로 발전해 나가야 한다. 물론 그런 관계로 만들어가기 위해서는 오랜 시간이 걸리므로 익숙한 대화에 기초한 친밀감으로 이해 시켜야 한다.

CHAPTER_ 7

화낸 후의 감정조절

(부모의 자존심 세우기, 자녀의 자부심 지키기)

1. 자존감의 발견

자존감이 낮은 사람일수록 화를 더 잘 낸다. 자존감이 낮은 사람은 타인이 어떻게 말하든 자신에 대해 하는 말을 전부 비판과 비난으로 받아들인다. 아이가 부모나 선생님에 대해 내는 화는 대체적으로 자신을 제대로 인정해 주지 않는다는 것에 대한 분노이다.

상대적으로 자신이 공부를 더 많이 했음에도 불구하고 친구가 점수를 더 잘 받거나 열심히 공부한 데 비해 칭찬을 받지 못하거나 인정받지 못했을 경우에 나타날 수 있다. 타인이 자신에게 도움을 주기 위해 조언을 해주더라도 자신을 위하는 조언이라고 생각하기보다 화를 내면서 상대를 불신하기도 한다.

이러한 아이의 자존감을 향상시키기 위해서는 자신의 생각이 분명하고 정확하게 말하는 습관을 길러주어 어느 곳에서나 자신감을 갖도록 해준다. 남들이 뭐라하든 남들이 나를 존중하고 사랑하고, 인정해 주는 것, 즉 내 스스로가 나를 귀하에 여기는 것이다.

2. 자신과 싸우기

자신의 분노를 부정하려 할 때 가장 흔히 보이는 증상은 자신의 불행에 대해 '남을 탓하는 것'이다. 이런 사람들의 특징으로는 다른 사람들은 행복하고 편안한데 자신만 힘들게 산다고 생각하는 것이 일반적이다. 만일 자신에게 화를 극복할 의지가 있다면 화는 자신을 정복하지 못할 것이다. 때론 화를 내기 전에 자신 의지와의 싸움이 필요하다.

소크라테스의 경우 화가 나면 목소리가 낮아지고 말수가 적어졌다고 한다. 그것은 그가 자신과 싸우고 있다는 명백한 신호였다. 그를 파악한 친구들이 화를 숨기는 데 대해 그를 책망하곤 했지만, 그는 책망을 섭섭해 하지 않았다. 많은 이들이 그가 화가 났다는 사실은 알아도 그것을 느끼지 못하니, 이 얼마나 기쁜 일인가?(루키우스 안나이우스 세네카, 2013).

한 일화로 동일본 대지진이 일어난 직후 세계는 일본인의 질서의식에 입을 모아 칭찬했다. 일본인들이 미덕을 유지하면서 화를 낸 일이다. 일본인은 폭도로 변하지 않았고, 우왕좌왕 헤매지도 않았다. 그저 서로가 서로를 도우며 묵묵히 재난을 극복했을 뿐이다. 이것이 미덕이다.

지진이나 쓰나미를 통해 재난에도 극복하기 위해 자신과 싸우는 일본인과 국민들의 공동체적 미덕을 본 것이다(오가와 히토시, 2013).

우리에게는 질서를 잘 지키며 동시에 화를 표출하는 일이 절실하다. 그것이 바로 공동체의 미덕을 유지한 채 화내는 법이다. 이것은 그저 질서를 어지럽히지 않고 다른 사람도 배려하면서 화를 내는 것이다.

3. 몸을 기울여 들어주기

우리는 때론 자신이 살아온 과정을 바탕으로 상대방의 생각과 감정, 동기, 해석을 추측하지 않고 기분대로 발산한다. 상대방의 말에 초점을 맞추고 공감하는 경청은 가장 효과적인 습관이다. 정확한 정보를 얻을 수 있기 때문이다.

우리는 여유를 가지고 다른 사람이 하는 말을 들으려고 하는가? 상대가 무슨 말을 하는지에 대해 관심을 가지고 정확히 이해한 후 대답하는가?

자신의 생각과 크게 달라도 상대방이 무슨 생각을 하고 어떤 기분인지를 이해하고 말로 표현하면 상대방도 이해받는 기분을 느낀다. 이것이 바로 공감의 힘이다. 이에 긴장이 풀리고 협조적인 관계가 형성된다. 즉 서로의 문제를 직시하여 함께 해결하고 바람직한 관계를 형성할 수 있다.

4. 화의 원인에 융통성 있게 대처하기

화를 낸 상황을 돌이켜 보며, "그 상황에 왜 내가 화가 났을까?", "내가 지금 상황을 못 받아들이고 있는 것은 아닌가?", "내가 지금 두려움과 슬픔을 느끼는가?" 등을 스스로 질문해 보면서 화의 원인에 대해 생각해 본다. 이러한 상황이나 변화에 따라 감정과 생각, 행동을 유연하게 조절하는 것이 융통성이다.

감성지능에서 융통성이란 낯설고 예측하기 힘들며, 변화무쌍한 상황에 적응하는 전반적인 능력을 말한다. 융통성 있는 사람은 생기가 넘치고 기운차며 쓸데없이 고집을 부리지 않고 변화에 적응할 수 있다.

그렇다고 해서 아무렇게나 생각과 행동을 바꾸는 것이 아니라 피드백에 맞추어 바꾼다. 융통성이 부족한 사람은 고집이 세고 완고해서 새로운 상황에 적응하지 못하고 새로운 기회를 활용할 줄 모른다(스티븐 스타인 · 하워드 북, 2007).

융통성 있는 사람은 실수를 발견하면 생각을 바꿀 줄도 안다. 그리고 다음에는 다양한 생각과 상황 판단 능력으로 실패 확률도 줄인다.

CHAPTER_ 8

자녀교육의 선순환으로서의 적용

'화'는 어떤 식으로든 밖으로 방출해야 한다. 가령 상대방에게 자신이 화내는 이유를 이해받지 못한다고 해도 화내고 있다는 사실만 전달하면 우선 그것으로 만족한다고 할 수 있다. 자신을 화나게 만든 당사자에게 직접 말할 용기가 없는 사람은 자신의 모든 것을 이해해 줄 수 있는 다른 누군가에게 화를 내는 것도 그리 나쁘지 않다.

1. 화로 인한 자녀교육 악순환의 고리 끊기

나는 소중하다. 그러므로 상황에 맞게 자신의 긴장 완화에 재초점을 맞추고 마음을 고요하게 한 후에야 이성적으로 화를 발산할 수 있다.

그것을 알고 있음에도 우리가 그렇게 못하는 이유는 예를 들어 우리의 심적 스트레스 대상인 아버지에게 '말해봤자 안 통할 것'이라는 생각이 머릿속을 지배하고 있기 때문이다. 아버지와 함께 조용히 얘기를 나누다가도 결국엔 큰 소리와 함께 원점으로 돌아가는 날이 많았던 것이다.

그 이후에 자녀들은 포기 상태가 된다. 그렇다고 아버지와 관계를 끊을 수는 없으니 어쩔 수 없이 화를 다 받아주며 함께 생활하게 된다.

'~ 때문에' VS '~에도 불구하고'

'분노는 선택이다'라는 전겸구 박사는 화는 부정적 · 긍정적인 에너지의 양면성을 가진 감정으로 파괴적인 결과를 가져올 수도 있고, 건설적인 결과를 초래할 수도 있다고 한다.

흔히 사람들은 분노를 느낄 때 '상대가 나를 모욕했기 때문에', '상대가 나를 비난했기 때문에'라는 식으로 내가 화가 난 원인이 전적으로 상대에게 있다고 생각하는 경향이 있다. 동일한 조건에서 화를 잘 다스리려면, 내가 '~ 때문에'라는 논리 대신 '~에도 불구하고'의 논리를 선택하면 보다 긍정적인 결과를 얻을 수 있다(SBS 스페셜제작팀, 2012).

어느 집안에서 어머니는 아버지가 하시는 말씀을 듣고 이해가 안 가도 끄덕이며 성격이 아주 온순하시어 힘들어도 항상 참으신다. 하지만 "화를 안에 가둬두지 말고 표출을 하라"는 말이 있다. 화가 올라오기 시작할 때는 가능한 한 자신의 마음을 가다듬고 내가 소중하다고 인식한다.

1. 나는 존중받을 권리가 있다.
2. 나는 내 감정과 의견을 표현할 권리가 있다.
3. 나는 원하는 것을 요구할 권리가 있다.
4. 나는 실수할 권리가 있다.
5. 나는 행복을 추구할 권리가 있다.

(Beverly Engel, 2007)

나의 행복을 소중히 생각하고 원하는 삶을 살기 위해서 내 마음의 화를 먼저 잘 정리한 후 타인을 대한다.

1) 먼저 사람됨을 갖추자 – 先(먼저 선) 인성지도, 훌륭한 善(착할 선)

화내는 것은 훈계와는 다른 개념이다. 훈계는 타이르는 개념으로 행동의 변화를 원하는 관점이지만 화내는 부모의 본질은 감정적인 대응이라는 부정적 요소가 내재되어 있다. 아이를 대할 때 이것이 훈계인지 화를 내는 것인지 파악하고 훈계의 관점에서 관계를 형성해 나가야 한다.

훈육을 할 때에는 구체적으로 표현하는 방법이 좋다. 칭찬을 예로 들면, 칭찬을 하고 난 뒤 어떠한 행동이 좋은지 알려주고 이를 구체적으로 설명해 주면서 다시 한 번 더 칭찬하는 것이다.

아이의 잘못된 결과에 대해서 꾸짖기보다 아이가 처음에 할려고 했던 순수한 마음과 과정에 의의를 두고 인성교육을 하면 착하고 올바른 사회구성원으로 자랄 것이다.

2) 용서하기 · 심리 · 명상 · 걷기 등의 부가적 치유

우리는 불공정한 대우를 받았거나 복수심과 적개심에 가득 차 있을 경우에 분노를 많이 느낀다. 이럴 경우 최선의 방법은 용서하는 것이다. 자신에게 정신적 · 육체적으로 괴롭힌 상대를 인정하고 싶지 않고 죽도록 밉고 싫지만 상처를 준 상대를 용서하는 것이다.

부모와 자녀간의 문제가 발생했을 시에는 자녀는 부모세대가 그 동안 살아오면서 가져왔던 가치와 삶의 현상들이 무가치한 것이 아니고 오늘날 자신이 있게 한 원동력이 되었음을 인정해야 한다. 또 부모는 급변하는 사회 속에서 자녀세대의 문화적 현상과 가치관의 변화 등에 대한 관심을 학습하려는 노력이 필여하다.

용서가 가진 강력한 치유력은 그 상황을 가장 빨리 벗어나는 치유책이 될 수 있다는 것이다. 용서는 자신의 건강을 지킬 뿐만 아니라 스스로를 사랑하고 존중하며 앞으로 나아갈 수 있는 원동력이 된다.

1. 화가 올라오기 시작할 때, 가능한 한 항상 앉음으로써 시작하는 것이 좋다.
   앉음으로써 몸 안의 분노와 화를 가라앉힐 수 있으며 긴장을 완화시킬 수 있다. 이성을 잃어 자신의 행동을 감정에 맞춰 하다 보면 상대가 위협을 느끼게 됨에 따라 더 큰 화로 이어질 수 있다. 그러므로 천천히 편안한 의자에 앉아 긴장을 완화시킬 필요가 있다.
2. 천천히 숨을 쉬고 내뱉으면서 10에서 1까지 거꾸로 수를 센다.
   동시에 한번 혹은 두 번의 깊은 심호흡은 필수적이다.
3. 천천히 심호흡을 한 후, 좀 더 느린 속도로 호흡을 천천히 하면서 자신의 이야기나 생각을 말하도록 한다(로버트 네이, 2006).

2. 화로 인한 교육의 선순환 만들기

과거 아버지의 스트레스나 짜증을 항상 받아주고 속으로 삭히는 어머니의 성격이 자녀에게 유전되어, 어릴 적부터 아버지의 큰소리가 무의식 속에 쌓인 채 표출하지 못해 화병이 되지 않나 생각해 볼 수 있다.

학교 친구나 주위 사람들에게 놀림을 받았을 때 그것을 소위 '쿨하게' 받아들이며 같이 받아치고 노는 아이들이 있는 반면, 그 자리에서 울어버리거나 집에 돌아와 그것을 계속 담아두다 자살까지 가는 사례도 있다.

어릴 적부터 부모의 억압에 순종하고 살아온 아들이라던가, 어떤 행동을 했을 때 '네가 참아야지' 하는 교육을 받아온 아이들도 있다. 자랄 때 무의식 중에 상처를 입은 부모는 자신들이 습득해온 교육방침대로 아이를 가르치기 마련이다. 맞으면서 자란 부모가 결국 아이를 키울 때 때리면서 교육시키는 것처럼 아이가 가지고 있는 성격이나 성향, 대처법, 인간관계 등은 부모를 따라 배울 수밖에 없다.

한 번씩 울컥 올라오는 화의 상처를 다스리기 위해서는 좀 더 중성적이고 무덤덤한 취미나 어떤 관심사에 집중하는 것도 효과가 있다. 긴장을 놓아주면서 호흡을 가다듬고 천천히 심호흡을 하는 것이다. 마음을 어딘가에 몰입하면서 화를 감소시키거나 자신이 좋아하는 글을 적어봄으로써 마음을 몰입할 수 있는 방법으로 화를 다스린다.

1) 몸 튼튼 · 마음 튼튼 – 감정 치유를 위한 생활습관

모든 것은 넘치는 것이 부족한 것보다 못하다는 말이 있다. 자녀교육에 있어서도 부모의 집착이 심하면 심할수록 교육에 있어 균형이 깨지면서 어느 방향으로 가야 할지 알지 못하게 된다.

- 집착하면 할수록 잃는다.
  집착하면 마음의 균형이 깨지고, 부정적인 영향이 일을 그르치게 한다.
- 집착하면, 사람, 일, 건강 등 많은 것을 잃게 된다. 미련 두지 말고 감정을 추스르고 일상으로 돌아와야 한다(함규정, 2010).

그래서 이 학원 저 학원을 몰려 다니는 학부모가 많다. 좋은 가정교육은 아이의 몸과 마음을 건강하고 긍정적이게 하는 것이 우선적이다. 몸과 마음이 튼튼해야 밝고 건강한 아이로 자랄 수 있다.

밝고 건강하게 자란다는 것은 가정에서 나아가 세상에서 자신이 해야 할 일이 무엇인지를 찾을 수 있고, 타인에게 친절과 봉사의 마음을 베풀 수 있다는 것이다. 부모로부터 따뜻한 반응을 경험한 사람일수록 사랑의 능력은 커지게 마련이다.

부모의 사랑속에 잘 성장한 아이는 사회생활도 경험해보고 부모 입장에서 생각할 수 있는 나이가 되면 부모의 마음을 이해할 수 있을 것이다.

3. 자녀교육의 '판'을 바꾸기

1) 독자생존(讀者生存): 책을 읽어야 산다

'독서는 왜 해야 하는 것일까? 독서는 삶의 길에서 느려 보이지만, 가장 빠른 지름길이다. 삶의 방향을 부모가 찾아 주기에도 한계가 있기 때문에 책 속에서 스스로 길을 찾아야 하고, 이런 이유로 독서를 하는 것은 이제 선택이 아니고 필수이다.

인생은 단거리가 아니라 오랜 시간 방향을 설정하며 달려야 하는 마라톤과 같다. 그 방향을 부모가 정해줄 수도 있겠지만, 이러한 것이 반복된다면 '헬리콥터 맘'이 된다. 부모의 방향에 따라 살다가 자녀 혼자 선택의 기로에서 있어야 할 시점에서는 자녀들은 어디로 가야 할지 헤매게 되며 의미 없이 시간을 낭비할 수도 있다.

독서를 사랑한 우리의 선조들은 신라 시대 관리를 등용하기 위해 독서삼품과를 설치했다. 독서삼품과는 그 사람의 독서범위와 수준을 헤아려 임용에 참고한 제도다. 또한 고구려에서는 태학이라는 고등 교육기관을 둬 경학 · 문학 방면의 책을 강독하게 했다. 이처럼 과거에도 독서가 중요하다는 것을 인식하고 있었다.

독서가 삶이나 마찬가지였던 조선시대에 선비들은 어떤 모습으로 책을 읽었을까? 퇴계 이황은 여택상자(麗澤相資)의 독서법을 추구했다. 여택상자란 서로 마주하고 있는 두 연못이 서로

물을 채워줘 못이 마르지 않으며 윤택하게 되는 것을 의미한다. 즉 친구 간에 서로 도와 독서 후 학문을 강론하며 수양에 힘쓰는 일이라 볼 수 있다.

현대에서 여택상자의 독서법이라 하면 '독서토론', '명저 읽기와 글쓰기', '위인전에 대한 느낀 점 공유하기' 등이라고 할 수 있다. 무엇보다 책을 읽을 때 책에 대한 선입견을 갖고 읽는 것은 좋은 독서법이 아니다. 책을 읽고 나서는 부모와 자녀는 사이의 '피드백'이 이뤄지는 것이 여택상자 독서법이다.

또한 조선시대에는 '사가독서제(賜暇讀書制)'라는 제도가 있었다. 사가독서제는 1424년 인재양성을 위해 젊은 문신들에게 휴가를 줘 학문에 전념하게 한 제도이다. 현재의 안식년과 비슷한 제도라고 생각할 수 있다. 1483년에는 용산의 빈 사찰을 수리해 국왕이 독서당을 만들어 사가독서하는 장소로 쓰기도 했다. 사가독서에 뽑힌 자를 '사가문신'이라고 불렀는데 상당한 영예로 간주됐다. 그만큼 독서의 중요성이 강조되었음을 엿볼 수 있다.

사람은 어제와 오늘이 달라야 하며 오늘과 내일이 달라야 한다. 이 말은 끊임없이 새로워져야 한다는 뜻이며 그 자극 중 하나가 독서이다. 독서는 끊임없이 새로워지려는 노력이며 새로운 안목과 새로운 정신을 기르는 데 아주 중요한 역할을 한다(영대신문, 2014. 10.13).

수많은 독서법이 있지만, 독서에서 가장 중요한 것은 정확하게 읽고, 반복해서 읽고, 깊이 생각하는 것이다. '독서란 의심이 있으면 의심을 해소하는 것이고, 의심이 없으면 의심을 만드는 것이다'라는 말이 있다. 이것이 독서의 자세이다.

2) 밥 먹듯 공중도덕, 공선(公善)에 대한 대화

다양한 도덕적 상황에 대해서는 스스로 고민하며 해결하도록 하는 자세를 밥 먹듯 자연스레 가르쳐야 한다. 사람과 함께 살아가기 위해서는 공중도덕을 지키고 공공선을 위한 행동을 하도록 훈련시키고 현실 문제에 참여하도록 해야 한다. 이러한 자세는 토론, 설득과 대화의 과정에서 형성되며 이를 형성할 시간대로는 온 가족이 함께 밥 먹을 때가 가장 좋다.

대화를 할 땐 서로 차이가 있다는 것을 인정하고 성품교육 및 인성교육부터 시작해야 한다. 자녀들은 단순히 지식을 쌓는 것뿐만 아니라, 서로 사유하고 논의할 수 있는 능력을 어렸을 때부터 키워야 한다.

이러한 훈련을 통해 대인관계에서 상황을 정확하게 읽어낼 줄 알고 다른 사람을 받아들이고, 자기만을 위해서가 아니라 집단의 이익을 위해 재능을 활용할 줄 알게 된다. 사회적 책임 능력이 결여된 사람은 반사회적 행동을 보이며 다른 사람에게 해를 끼치고 이용한다. 자기에게 직접 이익이 돌아오지 않아도 팀이나 부서, 조직, 넓게는 사회 전체를 위해 일하는 능력이 바로 사회구성원의 책임이다(스티븐 스타인 · 하워드 북, 2007).

사회적 책임은 사회적 집단에 공선(公善)에 협조하고 기여하는 역할을 하는 구성원에게서 발현된다. 책임감 있게 행동하고 다른 사람과 함께 일하고, 다른 사람을 인정하고, 양심에 따라 행동하면서 사회적 규칙을 지키는 능력인 것이다. 사회에 대한 책임을 지는 사람은 타인에게 관심을 보이며, 이는 공동체를 지향하는 책임을 떠맡는 능력으로 나타난다.

3) 자녀에 의한 직업선택

부모가 자녀에게 직업을 선택할 때 해 줄 수 있는 조언은 다음과 같다. 첫째, 좋아하는 일과 잘하는 일 중 어떤 것을 하게 할 것인가에 대해서는 '잘하는 일'을 하는 것이 좋다고 말할 수 있다. 물론 좋아하는 일이 잘하는 일이고, 잘하는 일이 좋아하는 일이 될 수 있다. 하지만 되도록 자녀의 적성과 개성에 맞게 잘하는 일을 찾도록 해야 하며 '잘하는 일'을 해서 경제적 능력이 갖춰진 이후에 좋아하는 일은 취미로 하는 것이 낫다고 말할 수 있다.

둘째, 직업을 선택할 때 주요 기준은 인류 행복과 자기완성이다. 이 두 가지가 서로 엇갈리거나 적대적이라고 한쪽이 다른 쪽을 배제한다는 식으로 생각해서는 안 된다. 사람은 자신과 같은 시대를 살아가는 사람들의 삶을 향상시키고, 그들의 행복을 위해 일해야 비로소 자기완성을 이룰 수 있다. 그것이 사람의 본성이다. 만일 사람이 자기만을 위해 일한다면 설령 저명한 학자나 훌륭한 현자는 될 수 있을지는 모르지만 결코 진정으로 완성된 인간이 될 수는 없다.

역사는 이 세상 전체를 위해 일하면서 동시에 자기 자신을 사랑하는 사람을 가장 행복한 사람으로 기린다. 만일 인류를 위해서 자신이 최선을 다해 일할 수 있는 직업을 선택한다면 세상에서 가장 행복한 사람이 되는 것이다.

CHAPTER_ 9

화의 승화 – 오해가 이해로, 이해가 소통으로

화는 잘 내도 감정만 상하고 서로의 마음에 상처만 남길 뿐 오해와 갈등의 문제 해결로 이어지기 어렵다. 물론 화를 내면서 자신의 감정과 의사를 충분히 전달했다는 안도감이 있지만, 시간이 지나고 나면 그 어떤 문제도 해결되지 않음을 느낄 수 있다. 그럼 어떻게 화를 내고 화난 감정을 승화시킬 수 있을까?

화는 종종 감정의 오해에 의해 상대에게 실망한 데서 일어나므로 우리는 대화를 통해 서로를 이해할 필요가 있다. 잘못된 의사 전달로 오해가 쌓이고, 상황에 따라서 이상하리만큼 계속 쌓이다 보면 화의 강도가 높아져 '버럭' 하는 감정으로 가게 되기도 한다.

1. 유예와 숨김

인간의 감정들, 특히 화를 건강하고 적절하게 느끼고 표현하는 것은 정신 건강에 엄청나게 기여한다.

화에 대한 건강한 감정과 그 감정의 건강한 배출은 감정의 앙금과 상처를 해독해 준다. 건강한 감정적 표현은 정신적 · 신체적 건강에 억압이 쌓이는 것을 막아준다. 화를 '누른다', '참는다', '삭힌다'기보다는 '제대로 낸다'면 좋을 것이다.

화를 나게 한 상대에 대해 자신이 화낸다고 해결될 문제가 아니라면 무리하게 화내지 말고 기회가 오기를 기다리는 것이 좋다. 기다림과 인내는 외면하거나 침묵하는 것이 아니다. 포기하는 것도 아니며 더 큰 효과를 보기 위한 과정이다.

화를 내는 자신을 잘 다스리면 긍정적인 사고를 가능하게 해주고 문제 해결을 위한 끈기를 만들어 주며, 난관을 돌파하도록 돕는다. 또한 스트레스를 해소해 주고 다른 사람을 편안하도록 해준다. 상황에 따라서는 원만한 인간 관계를 구축할 수 있게 해주고 고독을 극복하며, 폭력을 예방한다.

2. 오해가 이해로

1) 기다림의 미학

내 아이가 남들보다는 뛰어나야 하고 남들에게 보여지는 것을 중요시하는 오늘날 한국의 문화 속에서 부모들은 혼란에 빠지게 된다. 부모들은 자신들이 겪은 낙오감, 소외감, 열등감의 보상으로 자녀를 통해 대리만족을 느끼려는 기대에 가득 차 있어 때로는 그것이 자녀에게 잘못 투영되어 부담을 지우고 있다.

우리 사회는 자녀의 인성교육에 대한 기다림을 사치로 여기며 부모가 자녀들이 올바르게 성장하도록 기다릴 수 없게 만들고 있다. 이러한 부작용의 틈새에 사교육의 시장은 점점 더 가열되어 공교육의 흥망을 가늠하는 잣대가 되기도 한다. 부모는 자녀를 오랜 시간 꾸준히 기다려 주어야 한다.

자신이 해놓은 일들을 생각해보면 항상 "이것보다 잘할 수 있었는데", "그때 더 잘할 수 있었는데"라는 아쉬운 마음이 남는다. 하지만 스스로에게 완벽하거나 만족하는 사람이 되어 버리면 더 이상의 진정한 가치를 생산하지 못한다. 어렸을 때부터 하고 싶었던 일을 부모가 반대해 하지 못했을 때 극단적 분노에 휩싸이곤 한다. 너무 화가 나서 광분하기도 한다.

하지만 그러한 에너지를 긍정적으로 변환시켜 절제하고 다시 한번 새롭게 도전할 수 있도록 자신의 감정을 꾸준히 주시하고 기다리면서 내면을 살펴보는 미학이 필요하다.

2) 화나게 하는 것들 파악하기

화를 지혜롭게 이기기 위해서 할 수 있는 것은 자신의 분노와 화와 관련하여 떠오르는 단어들을 적어보는 것이다. 짜증 · 분노 · 속상함 · 좌절감 · 불만 · 화 · 조바심 · 안달 · 불쾌감 · 분통 터짐 등에 대한 자신의 행동 수위와 어떻게 대처할 것인지에 대한 원인과 해결점을 조목조목 적어보는 것이다.

이를 통해 '화를 덜 내기 위해 무엇을 주의할 것인가?', '마음을 평온하게 다스리기 위해서는 어떻게 해야 하는가?', '화를 잘 통제하기 위해 어떤 행동을 해야 하는가?' 등을 적어 보면 화를 낼 가능성이 더 낮아질 것이고 이를 통해 화를 덜 내게 될 수 있다.

3. 이해가 소통으로

부모들은 자녀에 대한 걱정과 노후에 대한 부담감, 정년퇴직에 대한 부담감등에 대한 복합적인 문제들을 겪고 있다.

자녀들은 학교에서 하루종일 시간을 보내다가 집에가서 1~2시간 얼굴을 보더라도 대화는 30분 정도밖에 하지 못한다. 이러한 서로간의 문제들에 대해 제대로 이해하고 소통할 여유도 없을 때, 부정적 해석으로 화가 쌓일 수 있다.

화가 났을 때에는 한참 동안 화를 끌어안고 가만히 들여다보고 있으면 어떤 통찰이 생기고 화가 사그라들기 시작한다. 기분이 한층 좋아지고, 상대방을 이해하는 마음이 조금씩 생긴다.

1) 화와 접촉하기

화가 일어나면 화를 억눌러서는 안 되고 그것의 존재를 인정하고 끌어안아야 한다. 이를 심리치료에서는 '화와 접촉하기'라고 부른다.

화의 실체를 인정해서 그것을 맞이하는 것이다(Thich Nhat Hanh, 2002). 마음속에 화가 일어났을 때 그 사실을 자각하고 "난 내가 지금 화가 났다는 것을 알아. 내 마음속에 지금 화가 들끓고 있다는 걸 알아"라며 화를 자각한다는 것은 그것의 실체를 맞이하고 접촉하고 끌어안는 것이다. 맞서 싸우거나 억누르는 게 아니다. 화의 실체를 파악해서 그것을 끌어안고 지속적으로 자각하면 새로운 에너지가 생성됨을 느낄 수 있다.

2) 묵은 화 풀기

부모에게 받은 정신적 상처와 학대로 인해 인간관계를 제대로 형성해 나가고 있지 않다면 그것을 푸는 과정이 필요하다. 치솟아서 터트려지는 화, 폭발하는 화는 남에게 독이 되고 더더군다나 '묵은 화'는 자신에게 독이 된다(김열규, 2004).

부모의 성향을 답습할까봐 두려워하고 있다면 부모가 처리하지 못한 감정을 배출하고 자신이 남은 문제를 먼저 풀어야 할 것이다. 부모가 자신에게 해주지 못한 사랑의 감정을 배출하고 관계를 변화시키면서 자신의 정체성을 갖는 것이다. 부모와의 관계에서 풀지 못한 문제점을 푼다는 것은 화의 원인을 발견하고 인정하며, 배출하는 것을 의미한다.

이에 특정한 상황에서 화가 났다면 이유를 살피고 이를 과거와의 연관성을 살펴 여유롭게 내면의 감정을 글이나 일기, 편지로 쓰면서 정리한다면 이것도 화와 고통을 없애는 하나의 방법이 될 것이다.

3) 상대를 인정하고 의견 물어보기

상대에게 무턱대고 화내기보다 일단 감정의 열을 식히고 자신의 필요와 기대를 정확하게 알리고 상대의 관점에 귀를 기울이려고 하자. 문제의 원인을 찾아 상대와 함께 문제 해결의 협력자가 되어 상대에게 자신의 뜻을 이해했는지, 그리고 문제를 해결할 방안이 있는지를 물어 보도록 하자.

갑자기 화를 내면 상대는 변명하기 위해 애쓸 것이며, 오해가 풀리게 되면 "내가 왜 이해심으로 접근하지 못했지"라는 반성을 하게 된다. 그러할 바에는 자신이 왜 화가 났는지를 설명하는 것이 일을 해결하는 데 수월하다.

또한 상대에 대해 상당한 영향력을 행사하는 요소 중 하나는 경청이다. 경청이란 그냥 잘 듣는 것이 아니라 '상대를 내 인생에 들이려는 적극적인 의지'이다. 그래서 경청은 '이청득심(以聽得心)'이라 하여 사람의 마음을 얻으려면 먼저 잘 들어주어야 한다고 했다.

CHAPTER_ 10

자녀교육의 업그레이드(upgrade)

사람들은 홧김에 화풀이를 하느라 충동적인 행동을 한다. 짜증내고, 욕하고, 싸우고, 이혼하고, 폭력까지 행사하다 곧 후회한다.

'풀이'는 하소연의 방법이며, 한탄, 넋두리, 복수 같은 일시적인 방법도 있으나 보다 장기적으로 분노, 억울함, 증오심 등에 대처하는 방법이다.

화병이 있는 사람은 자신의 문제를 자신이 당한 일들을, 자신의 억울하고 분한 감정을, 그리고 한을, 눈물마저 흘리면서 하소연을 한다. 그리고 그렇게 말하고 나서는, "시원하다", "답답함이 풀린다", "속이 뻥 뚫린다"라고 말하는 것을 들을 수 있다. 이 때문에 화병에 대해 약물치료보다는 심리적 치료가 일차적이라는 인식이 있다(민성길 외, 1987).

문화행사로서는 화, 분노, 억울함, 그리고 한 등을 푸는 놀이문화가 개발되어 있다. 판소리 마당, 탈춤 마당, 연등놀이 등 축제 내지 동제(洞祭)들이 예가 된다. 널뛰기, 윷놀이 등 각종 놀이도 이런 부정적 감정들을 해소하는 방안으로 마련되어 있어 전통 문화를 화병치료에 응용할 수 있다(이광자, 1996).

부모들은 감정의 급격한 변화를 겪는 사춘기 자녀와 원만하게 대화하면서 잘 보내고 싶은데 생각처럼 그리 쉽지 않다. 그렇게 부모는 부모대로 힘들어하고 자녀는 자녀대로 시간을 보내는 동안 중 · 고등학생 때 이뤄져야 할 교육이 점차 잊혀져 간다. 왜 자녀가 사춘기를 겪을 땐 교육이 쉽게 이뤄지지 않을까?

본래 '교육'이 이루어지기 위해서는 양방의 동의와 적극적인 참여가 필요하다. 그러나 부모가 적인지 아군인지, 부모의 마음이 진심인지 아닌지를 파악하려는 사춘기 자녀에게 화병을 가진 부모가 교육하기란 쉽지 않다.

오랜 세월 함께 살면서 부모가 자녀를 다 안다고 하는 만큼 자녀도 부모를 안다. 한 가족이기에 나누는 정서적 교류를 통해 부모가 어떤 상태인지, 어떤 감정을 가지고 있는지를 자녀도 안다는 것이다.

1. 부모 · 자녀간의 생각 더하기

어떤 교육보다도 부모와 자녀 사이에서 일어나는 교육은 인성적인 부분을 포함한다. 건강한 인성은 미래지향적이고 긴 안목의 목표와 계획에 대한 동기가 유발된다. 부모가 가르친 올바른 인성은 자녀의 인생에서의 방향을 제시해주고 목표와 올바른 가치관을 가질 수 있도록 해준다. 여러 매체를 통해 교육할 수도 있겠지만 좋은 학습법은 직접 함께 체험하는 것이고, 인성 교육에 있어서는 더욱 그렇다. 인성교육에 있어서 직접 체험이란, 부모의 인성과 마음상태를 자녀가 본받도록 하는 것이다. 그런데 부모가 화병을 가지고 있으면서 올바른 인성을 가르치려 한다면 자녀는 부모의 것을 본받을 수도 없을 뿐더러 언행불일치한 부모에 대해 큰 반감을 느낄 수밖에 없다.

자녀에게 '지금 아빠와 엄마는 이런 생각과 감정을 가지고 있단다'라고 직접적으로 얘기해주면서 먼저 솔직하게 털어놓는 연습을 해야 한다. 부모는 속마음을 드러내지 않으면서 자녀에게 '네 생각과 마음을 좀 드러내봐'라고 얘기하는 것은 어불성설이다. 상대방의 입으로부터 좀 더 분명하고 자세하게 듣고 나누고 싶은 마음은 부모나 자녀나 마찬가지이다.

그런 의미에서 부모와 자녀 사이에 적당한 거리를 두는 것도 필요하지만, 사춘기를 겪으며 점점 성장하고 있는 자녀를 한 인격체로 존중해주면서 서로의 감정과 생각을 나누는 것이 바람직할 것이다.

2. 부모 · 자녀가 통(通)하는 법

부모가 자녀교육에 있어 어떠한 교육관을 가지고 가르치는지에 대해서도 부모 재교육이 필요하다(이현지, 2014). 대부분의 학부모들은 아이의 정서나 인성에 상관없이 아이들의 미래를 부모가 단정 짓고 결정하며 강압적이고 주입식의 교육만 하려 한다. 하지만 부모재교육을 통해서 부모가 아이들을 어떻게 가르칠지에 대해서 제대로 된 교육관을 가져야 하며 아이의 성장과 발달을 위해 최적의 환경을 만들어 주는 것이 부모의 역할이라고 할 수 있다.

당장 어떤 이해를 통해 원활하게 소통하기는 힘들 것이다. 그래서 그저 꼭 이야기를 하지 않더라도 느낌상으로 알 만한 것은 알고 이해할 수 있을 것이라고 믿고 있을 수도 있다. 하지만 아무리 부모와 사이가 좋고 친하다고 하더라도 친구들과 이야기하는 것과 부모와 이야기 하는 것은 다를 수밖에 없다. 부모가 먼저 아이들을 이해하려고 생각하고 아이들에게 강요하거나 억압적으로 이야기 하지 않도록 노력할 수밖에 없다.

가정에서 부모가 아이들에게 "나중에 얘기해"라고 말하기보다는 "무슨 일이라도 있니?", "오늘 학교는 재미있었니?"라고 물어보는 것이 좋다. 이러한 시간을 가진다면 아이들의 성장과 발달 정서와 습관, 나아가 사회성과 인성을 키울 수 있다.

왜 아이에게 화를 내는지, 아이와 있거나 대화를 할 때 왜 자꾸 화를 내는지에 대한 원인을 찾고 어떻게 해결할 것인가에 대해 생각을 해 보아야 하는데 부모들은 시도조차 하지 않는다. 설사 부모 입장에서는 대화를 시도하려고 아이들에게 어떤 사안에 대해 이야기를 하면 아이들이 부모의 말을 잔소리로 받아들이고 있는 것 같은 기분이 들기도 할 것이다. 하지만 자녀에게 어디갔다오는지, 어떤 친구와 어떻게 재미있게 놀았는지에 대해 물어보는 대화부터 시도해 보아야 할 것이다. 세대가 바뀜에 따라 점점 단순하고 축약된 언어를 쓰는 아이들에게 인격을 담은 완성된 언어로 아이들의 대화법을 바로잡고 이끌어 주어야 한다.

이렇듯 부모의 역할은 엄청나다. 자녀의 교육만큼 부모에 대한 재교육도 필요하다. 부모들은 아이의 심리상태나 아이에 대해서 무지한 경우가 많다. 이해하기 쉽지도 않지만 관심이 없는 경우도 많다. 아이의 의식 세계 등에 대해 여러 가지를 배운다면 아이의 눈높이를 알기 때문에 좀 더 아이와 가까워 질 수 있다.

훈육에 대해서도 일반적으로 품성이나 도덕 따위를 가르쳐서 기른다는 의미이지만 대부분 부모들은 훈육은 잘잘못을 따지고 체벌을 포함하고 있다.

훈육의 종류는 아이의 성장에 나쁜 영향을 미치는 것과 좋은 영향을 미치는 것 두 가지가 있는데 나쁜 영향을 주는 훈육방법은 대부분 때리거나 야단치는 것, 벌을 주는 방식이다. 흔히 부모들은 책에서 말하는 나쁜 영향을 주는 훈육 방법을 사용하고 있다.

아이에게 해서는 안 되는 일을 지적하고 주의를 주기보다는 부모가 무서운 존재라는 공포심만 조성하게 되고 아이의 성장에 부모와의 유대관계를 악화시킨다. 이렇게 부모와의 유대관계가 악화됨으로써 자연히 소통이 원활하게 이루어지지 않을 뿐더러, 서로에 대한 생각과 원하는 것을 알 수 없게 된다.

결과적으로는 아이의 문제행동이 늘어나게 되고 이러한 아이 때문에 부모는 더욱 자주 벌을 주거나 나쁜 영향을 주는 훈육 방법을 사용하게 된다. 이런 상황이 반복되고 악화되면서 부모와 아이 간의 소통이 어려워질수록 아이는 점차 열등감 속으로 빠져들게 된다.

부모는 자녀의 성장에 좋은 영향을 미치는 훈육 방법에 대해서 생각해보고 공부해야 한다. 쉽게 말해 상황에 따라 시시때때로 변화하는 아이들의 행동에 대해서 어머니, 아버지가 어떤 반응을 보여야 하는지에 대해 생각해 보아야 한다.

부모는 화를 내기보다는 아이의 성향을 바로 알고 거기에 맞는 교육법을 찾아보려는 노력이 필요하다.

자녀에게 다가가고 서로 통(通)하기 위한 방법을 제시하면 다음과 같다.

1. 자녀의 꿈을 응원하자
2. '선을 넘는 말'은 하지 말자
3. 유목민적 생활방식으로 접근하자
4. 자신을 느끼는 시간, 명상을 하자
5. 리더십, 비전을 일깨워 주자
6. 사랑받는 느낌과 행복이 중요하다
7. 자녀가 좋아하는 소재로 대화하자
8. 결과보다 성취 노력의 과정을 격려하자
9. 공감을 얻는 것도 화를 발산하는 방법이다.
10. 일류대학 가는것이 곧 좋은 직업을 갖는다는 생각의 연계고리를 끊자.

1) 자녀의 꿈을 응원하자

자기 긍정이란 스스로 지각한 긍정적인 가능성을 인정하고 부정적인 한계를 받아들이면서 스스로를 좋게 생각하는 능력이다. 자신의 강점과 약점을 이해하고 '결점까지도 있는 그대로' 좋아하는 능력이다. 감성지능에서 자기 긍정은 자기 내면의 확신과 자신감, 자기 적절성과 같은 일반적인 느낌을 말한다.

자기 긍정이 건강한 사람은 자신의 강점과 약점을 알고 스스로를 좋은 사람으로 생각하기 때문에 실수를 하거나 잘못을 저지르는 경우와 모르는 문제가 발생했을 때에도 적절하게 타인에게 조언을 얻거나 자신을 반성 한다. 자기 확신을 가지려면 자존감과 자기를 긍정할 줄 아는 충만감이 필요하다(스티븐 스타인 · 하워드 북, 2007).

지금은 인생에서 좌절과 실패를 경험했더라도 새로운 도전과 더 큰 행복을 위해 전진하면 된다. 자신의 약점 뒤에는 분명 장점이 있음을 알고 부정적 약점을 교정함으로써 자신의 뒤에 숨어 있는 긍정적인 힘이 자유롭도록 해야 한다.

2) '선을 넘는 말'은 하지 말자

화를 안 내는 것이 아니라 화를 내되, 제대로 내는 부모가 되자. 아이의 잘못된 점, 훈계할 점을 얘기하되 되도록 화를 절제하며 화를 상황에 맞게 제대로 내는 부모가 현명하다. 자녀에게 전달하고 싶은 메시지가 있다면 정확히 찬찬히 살펴보고 전하여야 한다. 메시지 전달 방식에 따라 자녀의 마음에 감동을 주고 가슴을 울리는 말이 될 수 있다.

화를 내다보면 자신의 감정조절이 되지 않아 잘 타이르며 좋은 감정 전달이 될 수 있는 상황이 될 수 있음에도 불구하고 부정적 감정으로 가는 경우가 있다. 그러므로 아이에게 화를 낼 때는 부모가 무엇 때문에 화가 났는지 알려주어야 하며 부모의 마음의 감정이 잘 전달되어야 제대로 훈육할 수 있다.

3) 유목민적 생활방식으로 접근하자

작은 것을 실행하기 위해서는 유목민적 생활 방식의 접근이 요구된다. 유목민이란 계절이 바뀔 때마다 이동하며 사는 사람들을 말한다. 오늘날 사무실의 경우, 관료체제에서 벗어나 팀으로 운영되어 하나의 프로젝트가 만들어지기 위해 모였다가 해체되는 경우를 말한다고 할 수 있다. 사무실이 아닌 자택에서 일하는 사람을 의미하기도 한다.

유목민이란 일정한 상황 안에 갇히지 않고 끊임없이 움직이는 사람을 말한다. 마치 유목민처럼 기존 질서에 맞서 자유롭게 살아가는 사람이다. 따라서 이 개념은 국경이나 인종의 벽을 뛰어넘어 개인이 사회를 바꾸기 위해 기존 질서를 타파하는 힘으로 자리매김했다. 유목민적 방식으로 생활하는 사람은 변화에 대한 적응력이 뛰어나다. 또한 사회에 의해 자신이 바뀌는 것이 아니라 자신이 사회를 바꿀 수 있을 정도로 용감하고 도전적이다.

4) 자신을 느끼는 시간, 명상을 하자

많은 이들은 살면서 자신을 제대로 챙겨본 기억이 별로 없다. 주변 환경이나 골치 아픈 일, 다른 사람들에 대한 생각 등을 내려놓고 오롯이 자신을 느껴보자.

⑴ 자신의 내면의 소리를 듣는다. 들이쉬고 내쉬는 숨을 통해 편안한 상태에서 마음의 균형을 잡는 데 집중한다.

⑵ 자신이 가장 행복했던 순간을 떠올려보자. 또 가장 아름다웠던 풍경을 떠올리는 것도 좋다. 그리고 편안한 자세로 자연을 보고 느끼도록 한다.

5) 리더십, 비전을 일깨워 주자

부모는 자녀들에게 좋은 본보기와 좋은 성품을 계발하는 나침반 역할을 할 수 있다. 가정의 리더는 부모이다. 부모가 공동으로 리더십을 발휘해야 한다. 배우자 간의 한쪽 의견만 반영하고 다른 한쪽은 도와주지 않거나 따라오기만 한다면 공동의 리더십은 깨진 상태가 된다. 부모의 확고한 리더십으로 민주적 양육을 위해 부부가 서로 귀를 기울이며 들어주고, 존중해 주는 것이 필요하다.

부모가 자녀에 대해 서로를 잘 알고 리더십을 발휘하고 미래지향적 비전을 일깨워준다면 자녀는 세상을 살아가는데 낯선 모서리에 부딪힘없이 둥글게 살아갈 수 있을 것이다.

6) 사랑받는 느낌과 행복이 중요하다

행복은 극도로 흥분된 감정을 말하는 게 아니다. 오히려 잔잔하고 평범한 감정이 불연속적으로 생겨나는 것을 말한다. 또 삶의 대부분 영역에서 만족을 느끼는 것이다. 우리는 행복해지려는 성향을 타고나기 때문에 어느 곳에서나 잔잔한 행복을 느낄 수 있으며, 설사 낯선 환경에 직면한다 해도 본래의 행복한 상태를 회복할 수 있다.

행복에는 개인의 가치관 · 유전적인 요인 등 복합적인 변수가 개입되지만 중요한 것은 통제할 수 있는 선택의 문제라는 것이다(로베르트 비스바스 티너 · 벤딘, 2009).

가장 이상적인 경우는 마음속 깊은 곳이 태어나는 순간부터 부모나 주변 사람들에게 사랑받고 소중히 여겨진다는 느낌으로 가득 채워지는 것이다.

긍정심리의 창시자 마틴 셀리그먼에 따르면, 이를 위해 할 수 있는 일들은 다음과 같다. 첫째, 감사편지를 작성하고 직접 전달하는 것이고 둘째, 밤마다 감사할 일을 3가지 떠올리고 기록하는 것이다. 셋째, '최고의 순간을 기억하기'인데 과거에 좋았던 순간을 짧게 적은 뒤 매일 읽어보는 것이다. 넷째, 자신의 강점을 발견하고 '새로운 상황에서 발휘하는 것'이다.

마음속 깊은 곳이 사랑과 그 밖의 긍정적인 감정으로 채워지면 부정적인 자극이 침투하지 못해 강한 정신력 및 감정을 잘 다스릴 수 있게 된다.

행복은 무엇을 가졌느냐보다 무엇을 하느냐와 더 관계가 있다. 불안, 슬픔, 불신, 두려움을 갖기보다 우리는 행복을 얻으려고 스스로 노력해야 한다.

인생을 살아가는 데 두려움은 큰 걸림돌이 될 수 있다. 그러나 두려움에서 나오는 용기의 감정 에너지를 잘 활용하면 두려움이 위대한 성과를 이루는 강력한 원동력이 될 수 있음을 일깨워 준다.

7) 자녀가 좋아하는 소재로 대화하자

가족의 대화는 더 줄어들고 있다. 하루 평균 대화시간은 '30분 이하', '1시간 이하'가 많으며, 그 잠시 동안도 '시간이 없어서' '바빠서'라며 피하는 가족이 대부분이다. 부모는 직장에서 돌아와 피곤하다고 집에 와서 자기 할 일만 하고 쉬고, 아이들은 학교와 학원 갔다 와서 또 공부하거나 쉬거나, 서로 각자 자기 할 일만 하며 대화를 하지 않는 가정도 많다.

화가 났을 땐 우선 그 상황을 피해야만 한다. 화를 제어하지 못하여 생기는 불상사를 대비하여 그 상황을 피하여 화를 식혀야 한다. 이때 심호흡은 화를 가라앉히는 데 효과적이다. 화라는 감정을 이기고 이성적인 상태로 돌아왔을 때 비로소 부모는 아이와 '대화'로 그 갈등 상황을 해결해 나갈 수 있다.

자녀의 잘못된 점은 바로잡아야 한다는 조급한 생각은 제쳐두고 아이가 스스로 느끼고 깨달을 수 있도록 믿고 꾸준히 지켜보아야 한다.

부모의 행동은 자녀의 행동, 나아가 앞으로 어떻게 살아갈 것인가?에 대한 삶의 가치관에 영향을 끼친다. 그만큼 자녀의 성장에 있어 부모는 중요하고 큰 존재이다.

의사소통의 기본은 타인에 대한 존중에서 비롯된다. 자녀가 좋아하는 긍정적인 대화를 나눔으로써 감정을 파악하고 이해하며 공감할 수 있다. 자녀도 부모와 얘기하면 심적으로 안정되며 세대갈등을 줄일 수 있을 것이고, 사회에 대한 정보를 얻는 데 도움이 될 것이다. 아이가 문제에 직면했을 때에는 감정을 표현하도록 하고 스스로 문제를 해결할 수 있도록 유도해야 한다. 자녀 스스로 결정할 수 있고 자신의 감정을 다스리며, 문제를 해결할 수 있는 능력이 있음을 믿어주고 그 능력을 키워주는 것이 부모의 역할이다.

8) 결과보다 성취 노력의 과정을 격려하자

부모의 사랑을 받고 자란 아이와 그렇지 않은 아이는 부모가 되어서도 다른 양상을 보인다. 사랑을 주는 방법을 알고 남들에게 베푸는 사람이 되는가, 그렇지 않는가의 모습을 보인다는 것이다.

아이가 부모를 자주 실망시키는 행동을 한다면 아이에 대한 기대가 너무 비현실적인 것은 아닌지 의심해보아야 한다. 아이의 행동은 주위 환경에 많은 영향을 받게 되는데 부모가 아이에게 "안돼"라고 말하는 일이 너무 많았다면 제한하는 행위를 완화해주는 방법도 고려해 보아야 한다. 아이들이 성장함에 따라 아이를 돌보는 방식도 점차 단계적 변화를 가해야 한다.

9) '공감'을 얻는 것도 화를 발산하는 방법이다

자신의 감정이 설령 정당하지 않더라도 가까운 사람들에게 공감을 얻으면 훨씬 마음이 편해진다. 상대적으로 여성들은 평소에 자신의 분노 표출을 수다나 소리를 지르거나 화난 표정으로 토라지거나, 눈물을 흘림으로써 즉 어떠한 행위로 자신의 불평과 화가 났음을 알리며 몸 안의 화를 적당히 내보낸다. 이렇게 자신이 화가 난 상태임을 직접 말하지 않더라도 화가 났음을 끊임없이 표현한다.

그러한 상황이 오면 여성들은 직감적으로 알아채고 상대에게 동의나 공감을 해주기도 하고 공감을 얻기도 한다. 설령 정당하지 않는 감정이라도 말이다. 우리는 자신의 화를 아무도 인정해 주지 않고 무시할 때 감정이 불타오른다. 시간이 지나 돌이켜 봤을 때 자신의 일을 반성하고 부끄러워하며 그것으로 된 것이다.

어린 자녀들이 화내는 것과 분노를 부모들이 무시하거나 좀처럼 동의해 주지 않기 때문에 자녀들은 친구들에게 의지하거나 동의를 얻으려는 경향을 보이고 범죄 등으로 분노를 폭발시키기도 한다. 따라서 자녀들의 분노를 결코 하찮게 여겨서는 안 될 것이다.

자녀와 부모와의 감정 공유를 위한 것은 다음과 같다.

첫째, 기본적으로 자녀의 불만을 제재하지 않고 경청하는 것이다. 부모가 주의 깊게 들어주는 것만으로도 자녀의 고통은 경감된다. 자녀가 우선 억울하고, 분하고, 화나는 감정에 사로잡혀 있기 때문에 자유스럽게 자신의 상황을 이야기하도록 시간을 충분히 주어야 하므로 일차적으로 '공감'이 제일 중요하다. 예를 들면 고개를 끄덕이거나, "그랬구나?" 혹은 "얼마나 힘들었겠니?", "그런 일이 있은 줄은 상상을 못했다", "그래도 잘 견뎌냈구나", 등등 중간에 공감되는 말을 해주어야 한다.

둘째, 부모는 충분한 공감에 대한 신뢰를 얻은 후 적절한 시기에 질문해야 한다. 아이들은 여간해서 분노의 감정을 처음부터 잘 드러내지 않을 수 있다. 그러므로 자녀가 말하고 싶어 하는 화, 분노, 억울하고 분함에 대한 속마음을 적당한 시기에 질문하면 아이들은 그 말을 기다렸다는 듯이 쏟아내기도 한다.

셋째, 가능한 한 성급한 복수나 화풀이를 하도록 권유해서는 안 된다. 이것은 또 다른 상처를 만들고 화를 불러일으켜 악순환을 반복할 수도 있기 때문이다. 할 수 있다면, 부모가 해줄 수 있는 소원, 현실에서 제공해 줄 수 있는 선물과 칭찬을 통해 고통을 이겨내도록 해야 한다.

아이들의 화 풀이에는 가족이 중요하다. 어떠한 '치료'보다는 가족의 이해와 배려가 실제적으로 도움이 된다.

10) 일류 대학 가는것이 곧 좋은 직업을 갖는다는 생각의 연계고리를 끊자

좋은 대학을 나와야 취업을 잘한다는 고정관념을 버린다. 또 무조건 대학을 나와야 한다는 생각도 없애야 한다. 공부를 더 하고 싶은 사람은 언제든 대학을 가면 된다. 꼭 대학을 나와야 좋은 직업을 갖는다는 생각은 버리고 자녀가 잘하고 원하는 기술을 배우게 하는 것도 하나의 방법이다.

즉 기술교육을 배우고 싶은 아이에게 무조건 대학을 가서 공부하라고 강요하기보다 손기술을 발전시킬 수 있는 직업훈련학교를 보내는 것도 방법이다. 더 학업을 하고 싶어 대학을 가는 것은 바람직하나 부모의 강요로 대학을 가는 것은 고려해볼 사항이다. 그림이나 피아노와 같은 예술적 측면에 기예가 있는 아이를 강압적으로 의대나 법대를 보낼 필요는 없을 것이다.

아이로 하여금 다양한 사회적 경험과 쟁점에 접할 수 있도록 해주어야 하며, 세상에 대한 이해와 식견을 높여 줌으로써 궁극적으로 보다 나은 사회 발전에 참여할 수 있도록 지원해주어야 한다. 다양한 사회적 문제에 자녀와 토론하고 그 문제 해결에 적극적으로 동참하고 봉사할 수 있는 능력을 길러주어야 한다.

CHAPTER_ 11

부모 · 자녀 관계의 진정한 Healing

오해와 감정의 문제들을 풀기 위해서는 지혜와 끈기가 필요하다. 단순히 자신 안에 생겨난 화를 긍정적 에너지로 승화시켜 강력한 정신적 에너지로 바꾸어나가야 한다.

스튜어트 브라운에 따르면, 유년기의 놀이는 사회적 · 인식적 · 감정적 발달에 중요하다. 특히 취학 전 아이들에게 더 많이 뛰어놀 수 있는 환경을 제공해 주어야 한다고 한다. 그는 위험한 놀이와 필요한 놀이를 구분할 필요는 있다고 본다. 그에 따르면 무질서하고 혼란스럽게 노는 것이 유년기 아이들이 제대로 노는 것이다.

예를 들어 높은 곳에서 뛰어내리기, 소리 지르기, 쫓고 쫓기기, 약간의 때리기, 몸 부딪치기, 휘파람 불기 등 번잡스럽고, 거칠고, 넘어지는 등의 자유놀이가 가장 필수적이다. 놀지 않은 아이들은 걱정이 많고 사회 생활에 잘 적응하지 못하는 성인으로 성장할 수 있다. 이러한 사실은 조용히 얌전하게 노는 아이를 좋아하고, 그렇게 하라고 억압하는 부모가 기억해야 할 부분이다.

잔디에 누워 하늘과 구름 바라보기, 수영장이나 바닷가에서

물놀이하기, 아이들과 잔디에서 뛰어보기, 영화보기, 운동한 후 피곤함 느껴보기, 휴일에 늦게까지 음악 들으며 휴식 취하기, 동호회에서 같이 놀거나 여행 떠나기, 다른 사람들의 취미는 무엇인지 살펴보기 등과 같이 더 즐겁고 유쾌한 삶을 위해 적극적으로 재미를 찾아보는 것이다.

1. 나의 행복이 중요

"행복은 그저 웃는 일이 아니다"라는 리처드 웨이틀리(Richard Whately)의 말이 있다. 행복이란 삶에 만족하고 자기 자신과 다른 사람을 즐겁게 해주고 재미를 찾는 능력이다. 행복은 자기만족과 전반적인 만족감, 삶을 즐기는 능력을 결합한 말이다. 행복한 사람은 일할 때든 놀 때든 기분이 좋고 여유가 있다. 느긋하게 쉬면서 재미를 찾을 줄 안다(스티븐 스타인 · 하워드 북, 2007).

행복은 명랑하고 열정적인 태도이기도 하다. 행복하지 않은 사람은 걱정이 많아서 미래를 걱정하며 혼자 고립된다. 또한 욕구 수준이 낮으며 우울한 생각을 하고 죄책감을 느끼며 삶에 만족을 못한다. 극단적인 경우에는 자살 충동을 느끼는 등 우울 증상을 보일 수 있다.

2. 자녀가 성공하는 리더십

부모의 마음은 어쩌면 한결같이 자녀가 성공하기를 바란다. 성공하기보다는 성공적인 삶을 살기 위한 노력과 리더십이 먼저이다.

리더십은 마음의 중심을 잡고 흔들리지 않는 능력이다. 유능한 리더는 스스로 통제할 줄 알고, 정서적으로 안정되어 있고, 어려운 상황에서도 좌절하지 않는 사람으로 인식된다.

성공한 리더는 첫째 자신의 장 · 단점을 잘 알고 있다. 위험한 리더는 혼자만 잘난 것처럼 나서는 사람이다. 자기 강점을 알고 현명하게 활용하듯이 마찬가지로 자기 약점을 알고 주변에 있는 모든 사람에게 함부로 대하지 말아야 한다.

둘째, 솔직하고 자기 인식능력이 뛰어나다. 이러한 리더는 애매한 입장을 취하지 않으며, 자기 감정과 동기를 잘 안다. 여러 가지 상황에서 어떤 생각을 하고 어떤 기분이 드는지 잘 알기 때문에 문제에 접근하는 방식이 일관적이다.

셋째, 아무리 스트레스가 심해도 당황하지 않는다. 어려운 처지에 놓여도 격분하거나 중심을 잃지 않는다. 감성지능으로서는 사회적 책임, 스트레스 인내력, 충동조절, 낙관주의가 있다.

두 번째로 중요한 능력은 행동으로 옮기고 의사결정을 내리는 능력이다. 성공한 리더는 의사결정을 내리는 데 있어서는 다른 사람의 의견을 고려하면서 활용할 수 있는 모든 정보를 파악해서 최선의 결정을 내린다(스티븐 스타인 · 하워드 북, 2007).

3. 공부는 그 자체로 안전한 재산

학문은 하나의 도구적 수단이 아닌 향유하는 것이다. 인간에게 생각하는 것이나 만드는 것만큼이나 중요한 기능은 '놀이하는 것'이다. 학습자가 의미 있는 구조를 가진 이야기를 통해 학습에 있어 타의적 · 수동적 노동의 세계가 아니라, 새로운 경험적 세계를 창조해 낼 수 있도록 만들어야 할 것이다. 아이의 자발적 · 능동적 활동을 이끌어내는 '놀이'라는 것은 부모나 교사의 명령에 의한 놀이가 아니라, 자유가 있는 자발적 행위의 놀이이다.

그러므로 자녀의 교육 활동을 할 때 우리의 삶과 경험을 토대로 수단이 아닌 그 자체의 고유한 가치를 지닌 자율적 놀이 활동으로 바라보아야 한다. 자녀의 자율적 토대 위에서 이루어지는 교육적 행위는 계속적 교육활동과 계속적 성장을 가져오므로 공부가 하나의 즐거운 놀이가 될 수 있다.

교육적 활동은 돈을 벌기 위해서 남들보다 좋은 직업을 가지고 좋은 직장에 취업하기 위한 수단이 아니다. 재미있기 때문에, 즐겁기 때문에 하는 활동으로 공부가 세상에서 자신이 가질 수 있는 안전한 재산이 될 수 있음을 알 수 있다.

4. 부모 · 자녀가 함께 공부하는 삶

교육은 공부하고 다시 공부하며, 인간의 경험의 질을 구성하고 재구성하는 계속적인 과정이라 할 수 있다. 부모와 자녀는 실제 삶에서 이야기를 만들고 대화로 자신의 경험을 확장시키며 이 교육적 과정들을 통해 삶에서 계속적으로 반복하여 성장하는 것이다.

자녀가 자신이 주도적으로 이야기를 생성하고 스스로 공부하려는 과정을 통해 자기 교육(self-educating)이 될 수 있도록 한다. 이 과정을 통해 자녀는 변화된 아이로 성장하게 된다. 그러므로 자기 교육(self-educating)은 교육의 끝이자 종착점이라 할 수 있다. 삶에서 자녀의 의미 있는 경험의 변화, 즉 자기 교육은 부모와의 경험의 공유를 통해 경험이 풍부해져 자기 스스로 교육하는 것이며 이 때 우리는 교육의 종착점을 맞게 된다.

삶에서는 더 적극적인 부모의 자세와 자녀의 이상적 가치를 이끌어 내는 경험적 활동이 필요하다. 일방적 학교 교육이나 사교육을 통해 단기적 처방을 수용하기보다는 부모 나름의 교육 철학을 가지는 인식 전환이 필요하다. 자녀의 잠재력과 발달 가능성을 믿으며 자신에 대한 확신을 갖고 끊임없이 공부하도록 격려한다. 이것은 자녀가 사회에서 인정받고 제대로 평가받을 수 있는 방법임을 명심해야 한다.

5. 공부는 차이와 반복의 놀이

공부는 '차이와 반복의 경험 놀이'이다. 아이들은 교사, 부모의 가르침을 통해 가르치고 배우는 교육적 활동을 한다. 이 교육적 활동은 유아에서 초 · 중 · 고 · 대학생이 될 때까지 계속적으로 반복된다.

가르치고 배우는 활동인 교육적 활동은 계속적으로 반복되지만, 단계가 높아질수록 각 단계마다 그에 따른 '차이'를 경험하게 된다. '차이'는 새로운 관계, 새로운 무언가를 형성하는 구성적 역할을 한다. 아이들은 과거의 자신의 모습에서 탈피하여 새로운 자신의 모습으로 변화를 통해 자신을 바꾸게 된다(이현지, 2013). 이 과정에서 아이들은 자존감을 높이고 상대방을 배려하며 함께 나누며 성장하게 된다. 이러한 변화는 새로운 긍정적 변화를 유도하는 새로운 나를 만드는 즐거운 놀이가 된다.

6. 자기만의 공부 – '자기 교육'

모든 현상은 근본적으로 상호 의존하고 있다. 개인과 사회가 자연의 순환 과정에 깊이 관련되어 있다는 세계관 전체는 부분을 합친 것 이상이라는 것을 알 수 있다. 학습자는 주어진 내용을 학습하는 존재가 아니라, 개개인이 처한 구체적 삶의 상황에서 자기주도력을 발휘할 수 있는 자기만의 공부로 능동성을 가진다. 이것은 특권적, 배타적 입장을 견지하는 것이 아닌 이해하는 태도로 자기교육(스스로 공부)을 하면서 성장할 수 있다.

이해라는 것은 즉 '다름'에 대한 이해로, 예를 들면 학문 간, 나아가 다른 나라와의 정치, 경제, 문화의 이해이므로 무관심과 배타적인 것이 아닌 전문성, 정체성을 가질 수 있는 학문적 접근 방법이다. 이렇듯 세계관은 단순한 지식이나 원리, 혹은 탐구 과정을 강조하는 것도 중요하지만 이를 통한 올바른 가치관이나 철학을 형성하는 것을 목표로 한다.

7. 공부는 '사랑하는 것'처럼 자연스럽고 가치 있는 경험

'사랑하는 것'처럼 교육도 그 자체로 경험될 때, 우리는 그 교육의 가치를 진정한 가치라 인정하게 된다(이현지, 2013). 교육의 가치라는 것은 다른 말로 내재적 가치로 교사와 학생이 서로 상호 소통으로 교과를 재구성하고 즐거움을 느끼며 학습공동체를 형성하는 것을 말한다. 이런 활동들은 그저 좋아서 하는 마치 사랑하는 것과 같은 계속적 활동이다.

부모 · 자녀 관계가 화로 인해 멀어졌다면 화해해야 된다. 부모가 개인의 단순 스트레스를 자녀에게 표출하는 경우 부모는 자녀에게 사과함으로써 끝나기도 하는데 가장 외적인 스트레스를 집에서 풀지 않도록 유의할 필요가 있다.

또 부모의 기대치에 의한 분노 표출이 있다. 우리나라 학교 교육이 점수 위주, 경쟁주의 교육이기 때문에 부모의 입장에서는 자녀가 잘해주기를 바라는데 기대치보다 못할 경우 막연한 걱정으로 화를 낸다.

기대치에 의한 화는 극단적인 경우 체벌, 폭언이나 욕설로 이어지는데 이는 자녀로 하여금 자존감을 떨어뜨리고 부모와의 대화를 꺼리게 되며 학교 교육에 있어 거부감을 느끼게 될 수 있다. 이는 다시 성적 저조와 부모의 화라는 악순환을 낳게 된다.

부모가 기대를 하는 것은 좋지만 그 기대를 너무 단기적으로 봐선 안 된다. 성취도라는 것도 개인차가 있기 때문에 여유를 가지고 잘한 점을 칭찬해줘야지 아홉 가지 잘하고 한 가지를 못했다고 자녀를 몰아세우는 것은 옳지 못하다.

부모가 자신이 이루지 못한 목표 혹은 기대를 자녀에게 투영해서는 안 된다. 우리 사회가 과거와 달리 취업난에 허덕이는 것은 학생들이 공부를 못해서가 아닌 사회 구조적인 문제도 있다. 이를 인지하지 못하고 오로지 부모 세대의 기억에 의존해서 자녀에게 동등한 목표를 달성하라고 하는 것은 무책임한 처사이다. 자녀에 대해서 '학부모'가 아닌 멀리 내다보는 '부모'가 되는 개개인의 노력이 필요하다.

지금까지 부모와 자녀사이 화를 해결하기 위한 방법으로는 화를 승화시켜야 한다. 화를 승화시키기 위해서는 부모와 함께 경험을 공유하는 삶에서의 공부가 필요하다. 부모와 자녀의 삶 속에서 함께 경험하고 공유하는 삶 그 자체가 공부가 되도록 노력해야 할 것이다.

참고문헌

김열규(2004). 한국인의 화. 휴머니스트.

김종우(2004). 한의학에서의 화병, 의학행동과학(3). 103−107.

나카지마 요시미치, 화내는 기술. 유준칠 역. 해바라기.

디어도어 루빈(1993). 한동완 · 김귀화 역, 외길사.

로버트 네이(2006). 쿨하게 화내기. 한국부부사랑연구소 옮김. 시그마프레스.

로베르트 비스바스 티너 · 벤딘(2009). 긍정심리학 코칭. 서희연 역. 아시아코치센터.

루키우스 안나이우스 세네카(2013). 화에 대하여. 김경숙 옮김.

마고트 슈미츠, 미하엘슈미츠(2009). 화내지 않고, 휘둘리지 않고 내 감정 사용하는 법. 엄양선 역. 21세기북스.

민성길(2008). 화병연구, 엠엘커뮤니케이션.

민성길 · 이만홍 · 강홍조 · 이호영(1987). 홧병에 대한 임상적 연구, 대한의학협의회지(30). 146−154. · 민성길 · 김경희(1987). 우울증에서 보는 신체화 증상에 대한 연구, 신경정신의학(17). 149−154.

박애순(1999). 홧병집단과 우울증 집단의 부부갈등, 인지적 평가 및 대처 방식, 고려대학교대학원 석사학위논문.

스티븐 스타인 · 하워드 북(2007), 감성에 열광하라. 문희경 역. 아시아 코치센터.

아니타 팀페(2008). 문은숙 역, 북폴리오.

오가와 히토시(2013). 이제는 제대로 화내고 싶다. 이서연 옮김. 비전코리아.

이광자(1996). 홧병대상자에 대한 정신 간호중재 프로그램, 이화간호과학지(8), 87-99.

이동식(1986). 병고 - 학문하는 태도. 대화 제 3권 제 3호.

이시형(1977). 홧병에 대한 연구. 고의, 63-69.

이현지(2013). Gowin이론에 근거한 내러티브 교육과정 개발(역사수업을 중심으로). 영남대학교 박사학위 논문.

이현지(2014). 자녀를 위한 부모재교육. 교육과학사.

이효재(1978). 한국여인의 한(恨). 여성과 사회. 정우사.

전겸구(2007). 똑똑하게 화를 다스리는 법. 21세기북스.

조셉 슈램드, 리 디바인(2013). 분노 해소의 기술 디퓨징, 서영조 역. 길벗.

채선옥(2002). 중년여성의 홧병 경험에 관한 문화기술적 연구. 계명대학교 대학원 간호학과 박사학위 논문.

켄 린드너(2014). 감정의 기술 7. 동학사.

한덕현(2013). 마음속에는 괴물이 산다. 청림출판.

함규정(2010). 감정을 다스리는 사람 · 감정에 휘둘리는 사람. 청림출판.

Beverly Engel(2007). 화의 심리학. 김재홍 역. 용오름

SBS 스페셜제작팀(2012). 화내는 당신에게.

Thich Nhat Hanh(2002). 화가 풀리면 인생도 풀린다. 최수민 역. 명진출판.

– 보도기사 –

1. LA중앙일보(2014/06/25 미주판 26면) [한의학의 재발견–② 화병] 참는 게 미덕? 그러다 폭발 … 수다 떨며 감정 표출하라.
2. (영대신문, 2014. 10.13).
3. 연합뉴스: 2015. 2. 20.「화병환자, 연간 11만 5천 명, 애성과 40–50대 중년 많아」
4. 조선닷컴, 2014. 9. 7.「차례음식 준비하다가 며느리가 시어머니께 흉기 휘둘러」

저자소개

이 현 지

[약 력]

- 영남대학교 교육학 박사
- 서라벌대학교 교육학 강사
- 동국대학교(경주캠퍼스)교육학 강사
- 영남대학교 학교교육연구소 연구원
- 제일원격평생교육원 교수
- 전) 영남대학교 교육학 강사
- 전) 위덕대, 포항대 교육학강사

[저서]

- 자녀를 위한 부모재교육(2014). 교육과학사
- 홈스쿨링 : 부모 · 자녀의 소통(2015). 교육과학사

자녀교육의 업그레이드 – 부모들이여, 화를 내자

2015년 11월 25일 1판 1쇄 인쇄
2015년 11월 30일 1판 1쇄 발행

저 자 : 이 현 지
발행인 : 김 동 규
발행처 : 敎育科學社

경기도 파주시 광인사길 71(문발동)
전화 : (031) 955-6956~8 팩스 : (031) 955-6037
Home-page : www.kyoyookbook.co.kr / E-mail : kyoyook@chol.com
등록 : 1970년 5월 18일 제2-73호

값 8,000원

ISBN 978-89-254-1009-8